Servus

Das kleine Buch

Claudia Zelinsky

MÜTZEN SELBER HÄKELN

Inhalt

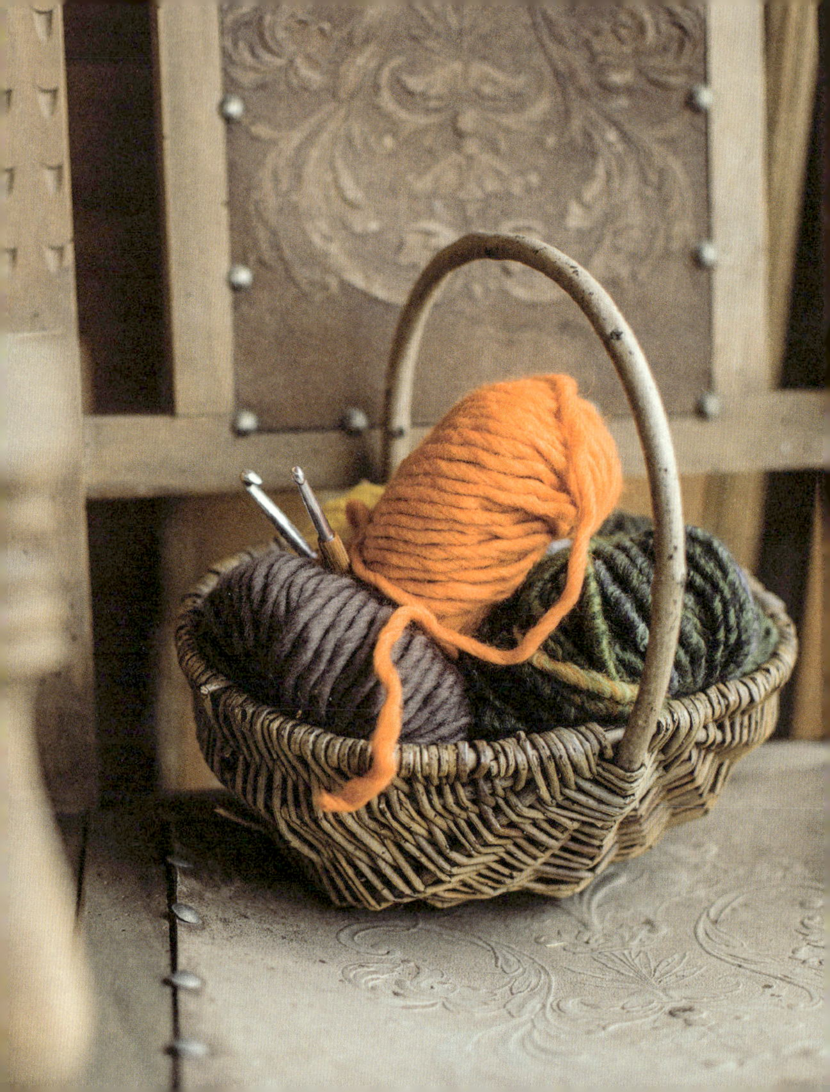

Im Wollfieber

Ob Alpakawolle, Schafschurwolle oder Kaschmir: Wolle ist für mich einer der faszinierendsten Rohstoffe der Welt, da sie in nahezu allen Farben, Stärken und Qualitäten erhältlich ist.

Vor einigen Jahren machte ich mich auf die Suche nach der perfekten Mütze. Ich fand sie nicht. Da beschloss ich, die ideale Kopfbedeckung einfach selbst zu häkeln. Gesagt, getan: Aus einer Mütze wurden viele und so konnte ich mich vor Bestellungen und Wolle in meinem Keller kaum mehr retten und eröffnete in der Stadt Salzburg mein „Wollzimmer".

In diesem Buch möchte ich Ihnen die Handwerkskunst des Häkelns näherbringen. Neben Häkelmützen mit traditionellen Mustern finden Sie auch neue Kreationen für die ganze Familie! Viel Freude beim Mützenhäkeln wünscht Ihnen

Ihre Claudia Zelinsky

Das kleine Häkeleinmaleins

Wolle und Utensilien

Wenn Sie das Buch schon durchgeblättert und sich für Ihr Lieblingsmodell entschieden haben, steht der Kauf der Wolle auf dem Programm. Direkt bei den Häkelanleitungen finden Sie die von mir verwendete Wolle. Idealerweise greifen Sie zu diesem Garn. Finden Sie im Handel jedoch nicht die gesuchte Qualität, dann können Sie ebenso gut eine andere Wolle mit der gleichen Maschenprobe auswählen (die angegebene Maschenprobe wurde immer mit derselben Maschenart gehäkelt, mit der auch die entsprechende Mütze gehäkelt wurde). Da auf den Banderolen meist nur gestrickte Maschenproben zu finden sind, habe ich für einen optimalen Vergleich diese auch bei der Anleitung angegeben.
Auch die Nadelstärke wäre eine Vergleichsmöglichkeit, aber ich habe im Laufe meiner Strick- und Häkeljahre herausgefunden, dass diese Stärkenempfehlung eben nur eine Emp-

fehlung des Herstellers ist und nicht so exakt funktioniert, wie die Maschenprobe selbst.
Am besten ist es jedoch, die Probe selbst zu machen. Hierbei wird ein Stück gehäkelt und die Maschenanzahl gezählt, die man auf 10 cm benötigt.

Nun müssen wir uns noch die passenden Utensilien besorgen. Man benötigt eine passende Häkelnadel zur Wolle. Es gibt verschiedene Modelle im Handel. Die Frage nach der besten Nadel kann hier nicht beantwortet werden, da jeder etwas anderes bevorzugt. Hier muss jeder durch Probieren sein eigenes Lieblingsmodell finden.
Eine Nähnadel, eine kleine Schere, ein Maßband und ein Lineal für die Maschenprobe braucht man ebenfalls noch.

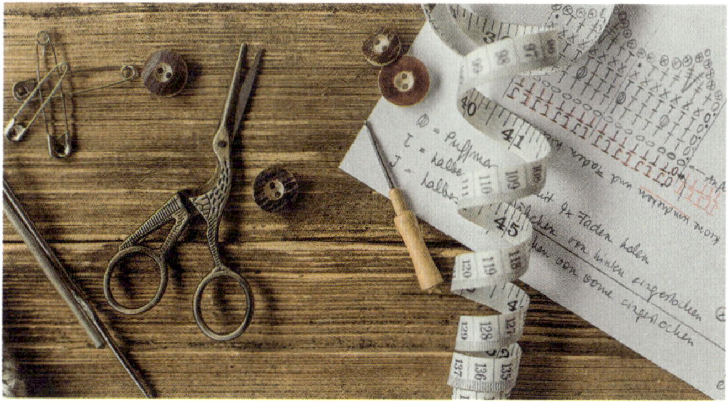

Grundlagen des Häkelns

Die richtige Handhaltung

Die Häkelnadel kann man wie einen Bleistift oder wie eine Stricknadel halten. Je nachdem, wie es sich natürlicher anfühlt.

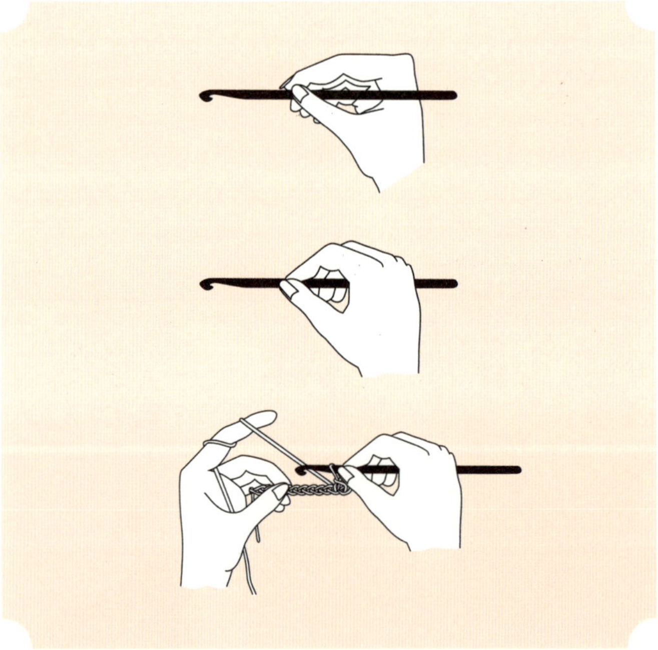

Luftmasche

1. Den Faden wie im Bild dargestellt um die linke Hand legen und mit dem kleinen Finger fixieren.
2. Die Häkelnadel von unten durch die Daumenschlaufe schieben, den Faden holen und durchziehen. Daumen aus der Schlaufe nehmen und zusammenziehen.
3. Nun für jede Luftmasche den Faden holen und durch die auf der Nadel liegende Schlaufe ziehen.
4. Fertige Luftmaschenkette.

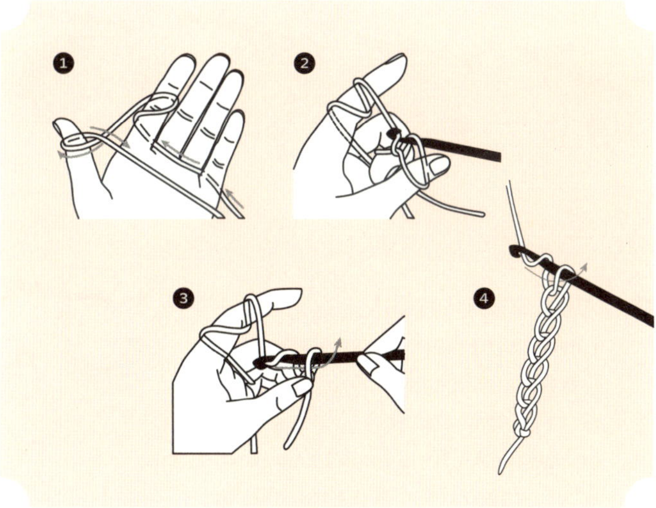

Fadenring

1. Den Faden zur Schlaufe legen, mit der Nadel einstechen und den Faden durchziehen.
2. Nochmals den Faden holen und durch die auf der Nadel liegende Schlaufe ziehen. Nun ist der Ring fixiert – was wir bis jetzt gemacht haben, zählt nicht als Masche.
3. Die gewünschte Maschenanzahl (hier feste Maschen) in den Ring häkeln.
4. Am Faden zusammenziehen.

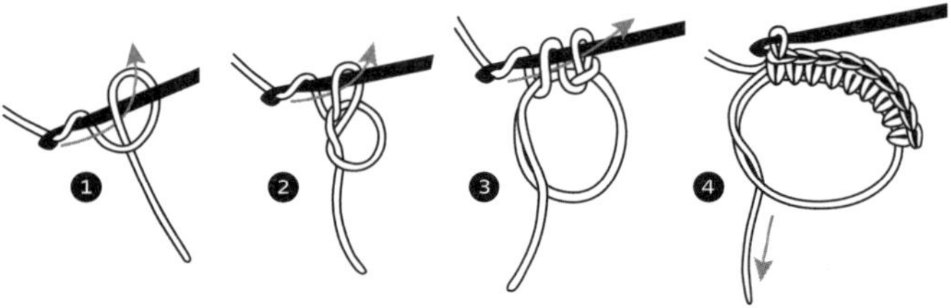

5. Alternativ dazu kann man auch eine Luftmaschenkette häkeln. Dazu 5 bis 6 Luftmaschen anschlagen und in die erste Luftmasche eine Kettmasche machen. Schon ist der Ring fertig. Die gewünschte Maschenanzahl in den Ring häkeln.

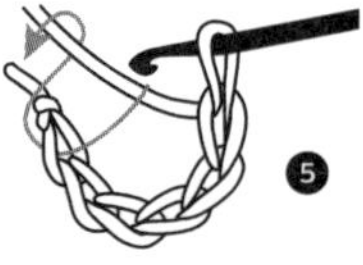

Kettmasche

1. In die Masche der Vorrunde einstechen (bei der ersten Reihe ist das die Luftmaschenkette), den Faden holen und durch beide auf der Nadel liegenden Maschen ziehen.
2. So sieht die fertige Kettmasche aus.

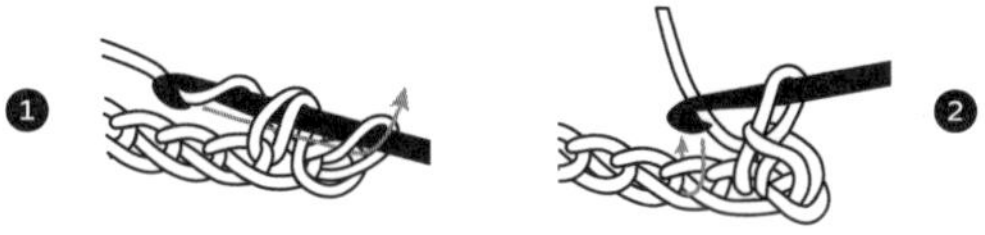

Feste Masche

1. Stechen Sie in die Masche der Vorrunde ein (bei der ersten Reihe ist das die Luftmaschenkette), den Faden holen und durch die soeben eingestochenen Maschenglieder ziehen.
2. Es sind nun 2 Schlaufen auf der Nadel. Den Faden erneut holen und durch beide auf der Nadel liegenden Schlaufen ziehen.
3. Für die nächste feste Masche in die nächste Masche einstechen und Schritt 1 und 2 wiederholen.

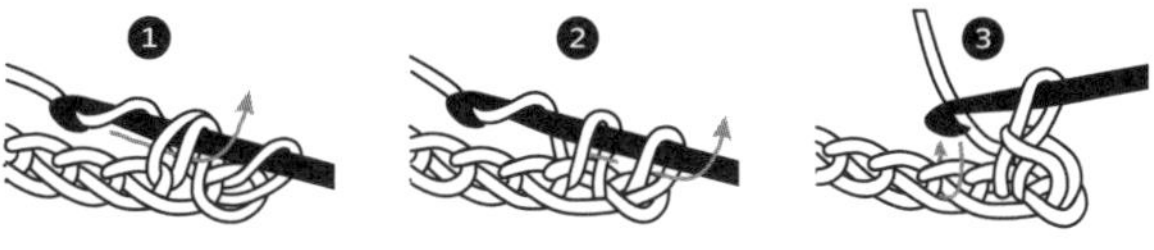

Halbes Stäbchen

1. Einen Umschlag um die Nadel legen
und in die Masche der Vorrunde einstechen.
2. Den Faden holen und durch die Masche
der Vorrunde ziehen.
3. Es sind nun 3 Schlaufen auf der Nadel. Den Faden
erneut holen und durch alle auf der Nadel liegenden
Schlaufen ziehen.
4. Fertiges halbes Stäbchen.

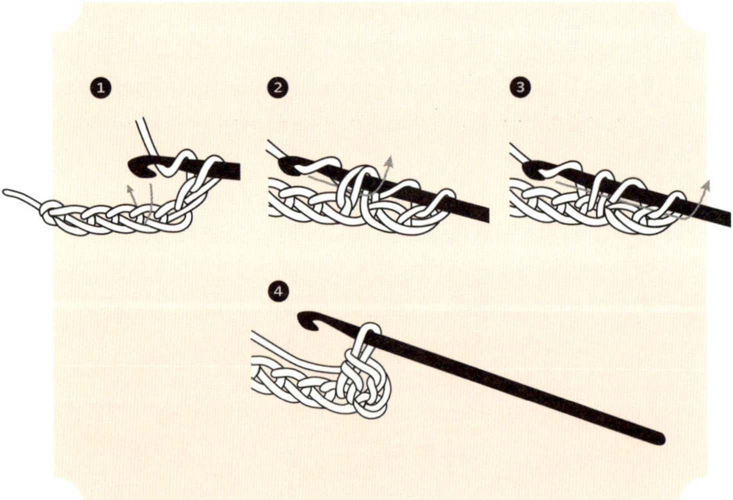

Einfaches Stäbchen

1. Einen Umschlag um die Nadel legen und in die Masche der Vorrunde einstechen.
2. Den Faden holen und durch die Masche der Vorrunde ziehen.
3. Es sind nun 3 Schlaufen auf der Nadel. Den Faden erneut holen und durch die ersten 2 auf der Nadel liegenden Schlaufen ziehen.
4. Es sind nun 2 Schlaufen auf der Nadel. Den Faden wieder holen und durch die letzten 2 Schlaufen ziehen.

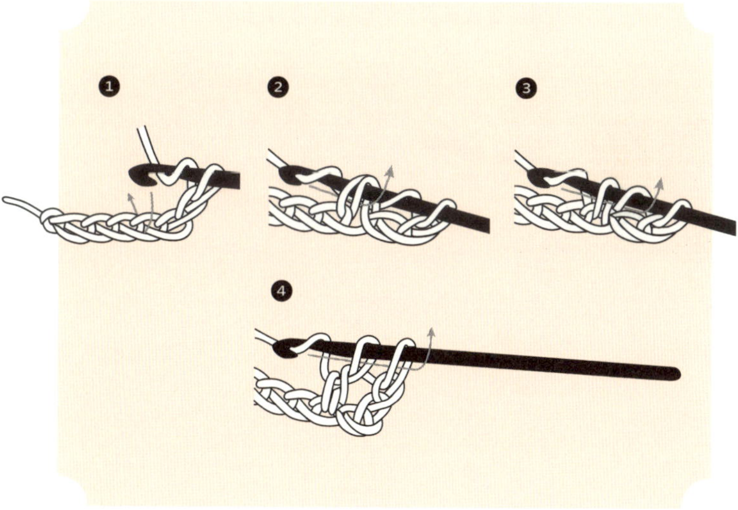

Doppeltes Stäbchen

❶ 2 Umschläge machen, d.h. Faden 2-mal um die Nadel legen und in die Masche der Vorrunde einstechen. Den Faden holen und durch die Masche der Vorrunde ziehen. Es sind nun 4 Schlaufen auf der Nadel.

❶ Den Faden holen und durch die ersten 2 auf der Nadel liegenden Schlaufen ziehen. Es sind nun 3 Schlaufen auf der Nadel.

❸ Den Faden wieder holen und durch die ersten 2 auf der Nadel liegenden Schlaufen ziehen. Es sind nun 2 Schlaufen auf der Nadel. Den Faden erneut holen und durch die letzten 2 Schlaufen ziehen.

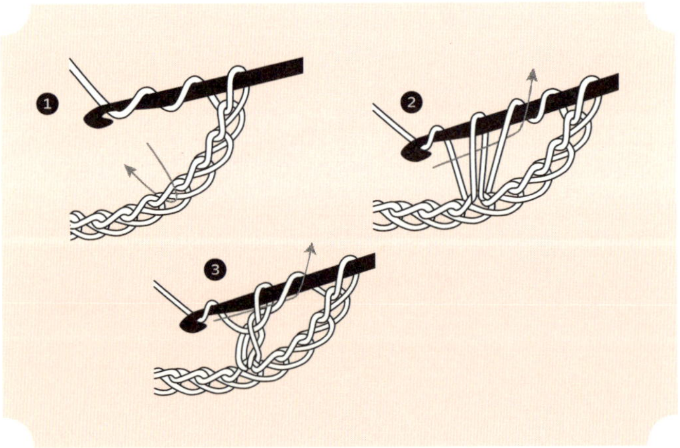

In Runden häkeln/Farbwechsel

1. In die erste gehäkelte Masche der Runde einstechen (bei Stäbchen in die 2. Luftmasche).
2. Eine Kettmasche häkeln.
3. Die neue Farbe durch die Schlaufe ziehen (= eine Luftmasche).
4. In dieselbe Einstichstelle (gleich neben der soeben gemachten Luftmasche) die nächste Masche häkeln.

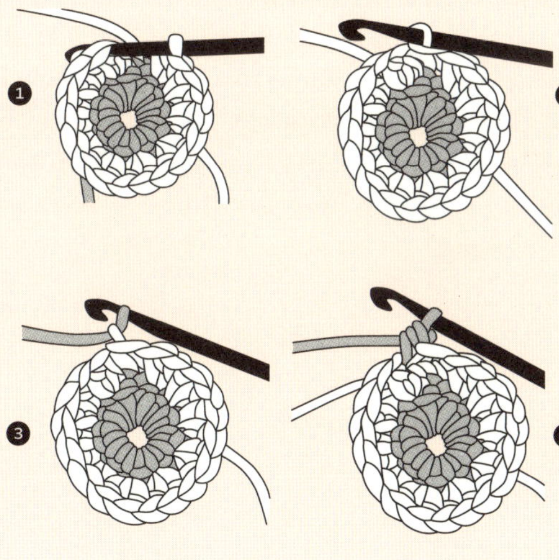

Reliefstäbchen

Wie ein Stäbchen häkeln, jedoch nicht durch die Maschenglieder einstechen, sondern um den Maschenkörper der Vorrunde. Die Reliefstäbchen unterscheiden sich voneinander, je nachdem, auf welcher Seite eingestochen wurde – von vorne oder von hinten (vorderes und hinteres Reliefstäbchen). Man kann Reliefstäbchen auch mit halben Stäbchen häkeln.

Am unteren Rand vernähen

Den Faden auf eine Vernähnadel fädeln und eine Masche nachbilden. Dazu in die Maschenglieder der nächsten Masche einstechen, durchziehen und wieder in die Masche, aus der der Faden herausgekommen ist, zurückstechen. Danach mit dem Faden auf der Innenseite der Mütze unsichtbar in den Maschen einmal hin und einmal her nähen. So kommt der Faden nicht heraus, wenn die Mütze gedehnt wird. Abschneiden, fertig.

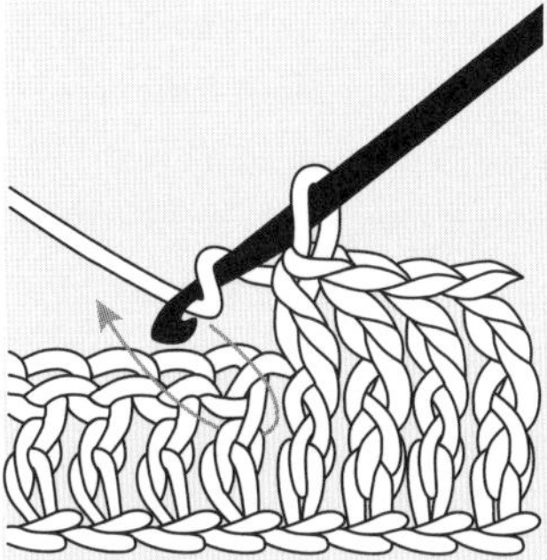

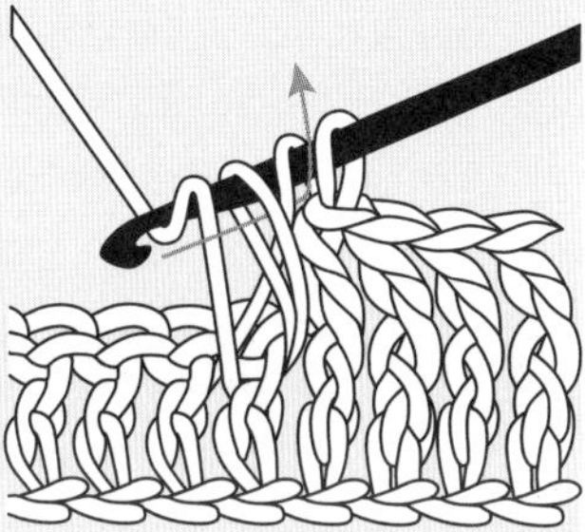

Reliefstäbchen,
von vorne eingestochen

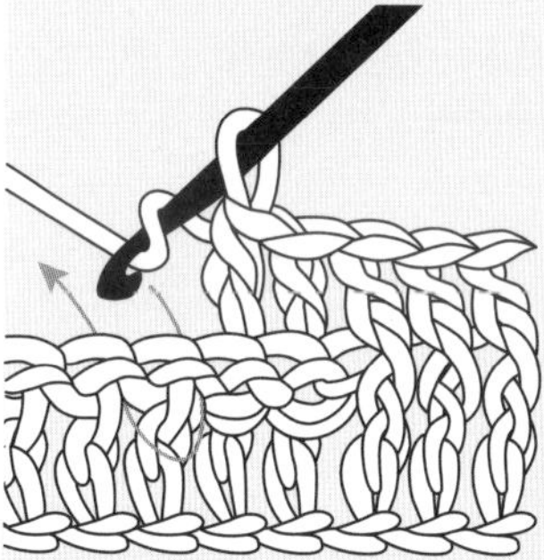

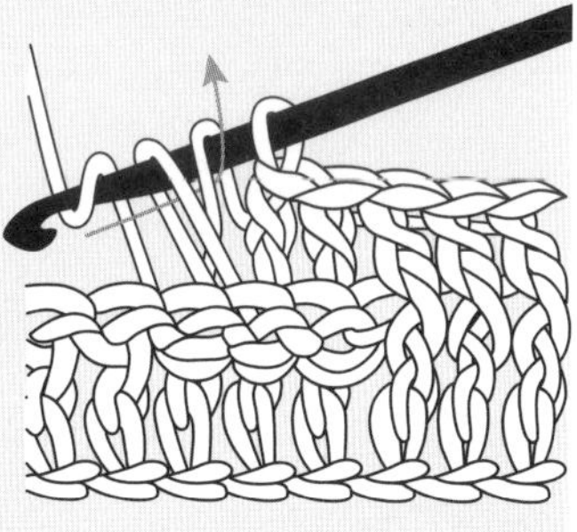

Reliefstäbchen,
von hinten eingestochen

Bommel machen

1. Aus Karton zwei Kreise ausschneiden. Ich empfehle einen Durchmesser von ca. 7 cm. Der Durchmesser der Kreise ergibt ungefähr den Durchmesser des Bommels. In der Mitte ein Loch von ca. 2 cm Durchmesser ausschneiden und einen schmalen Schnitt in die Kreise machen. Das erleichtert das Umwickeln.
2. Beide Kreise aufeinanderlegen. Die Kartonkreise so lange mit Wolle umwickeln, bis man in der Mitte kaum mehr durchsieht.
3. Mit einer Schere die Fäden entlang des Randes auseinanderschneiden und einen ca. 50 cm langen, reißfesten Faden zwischen beide Scheiben legen und fest miteinander verknoten. Kartonscheiben entfernen.
4. Nun noch den Bommel mit der Schere zurechtschneiden.

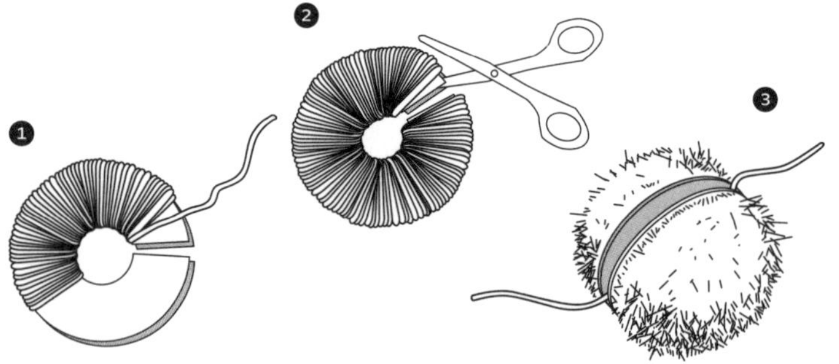

Zeichenerklärung

○	Luftmasche
●	Kettmasche
×	Feste Masche
T	halbes Stäbchen
†	Stäbchen
‡	doppeltes Stäbchen
	halbes Reliefstäbchen, von hinten eingestochen
	halbes Reliefstäbchen, von vorn eingestochen
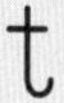	Reliefstäbchen, von hinten eingestochen
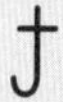	Reliefstäbchen, von vorn eingestochen
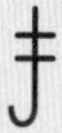	doppeltes Reliefstäbchen, von vorn eingestochen
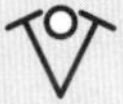	halbes Stäbchen, Luftmasche und halbes Stäbchen in eine Einstichstelle
◯	Fadenring
LL	Lauflänge

Mützen – Modelle und Anleitungen

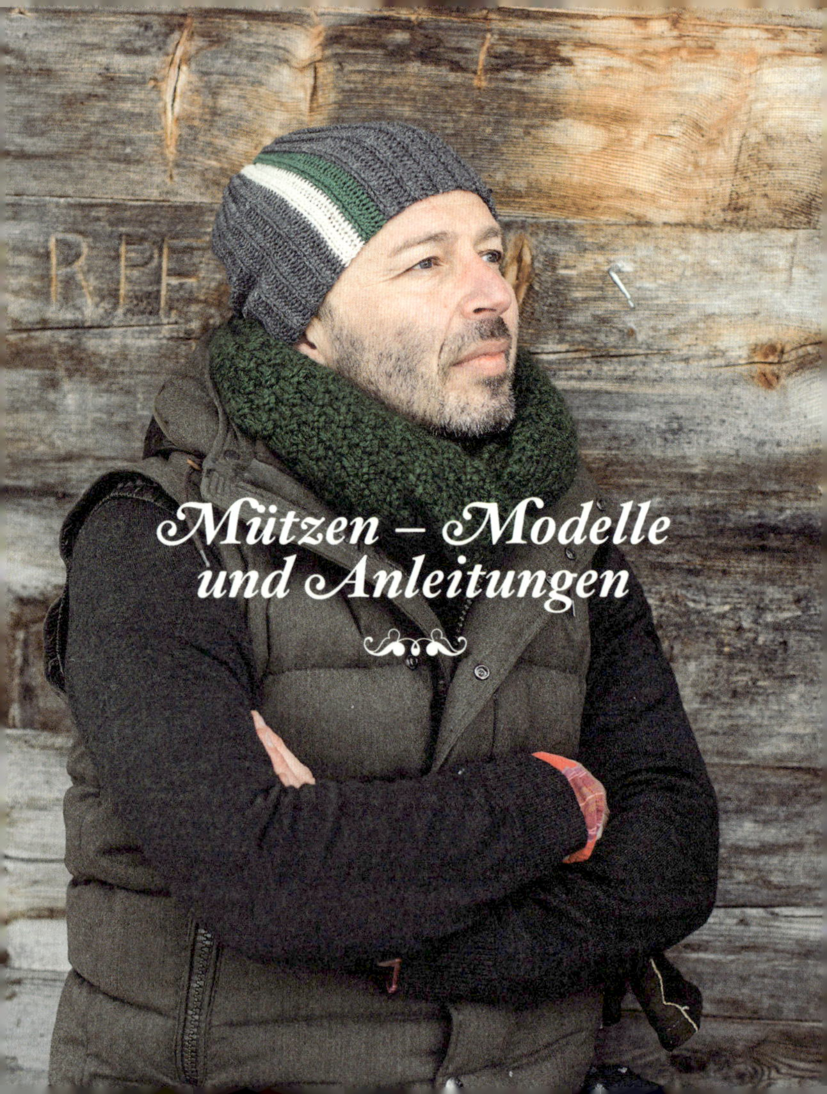

Zwei für alle Fälle

Modell: für Kinder, Damen und Herren
Schwierigkeit: leicht
Material: Ferner Wolle, *Lungauer Vielseitige 125* (75% Wolle superwash, 25% Polyamid, LL 125 m/50 g), 2 Knäuel (100 g) in Grau (Farbe L21), 1 Knäuel (50 g) in Weiß (Farbe L1), 1 Knäuel (50 g) in Grün (Farbe L16); Häkelnadel Nr. 4,5
Maschenprobe: 20 Maschen = 10 cm (zum Vergleich: laut Etikett sind 23 Maschen und 31 Reihen = 10 x 10 cm)
Hinweis: Diese Mütze kann man auch als Schal tragen.

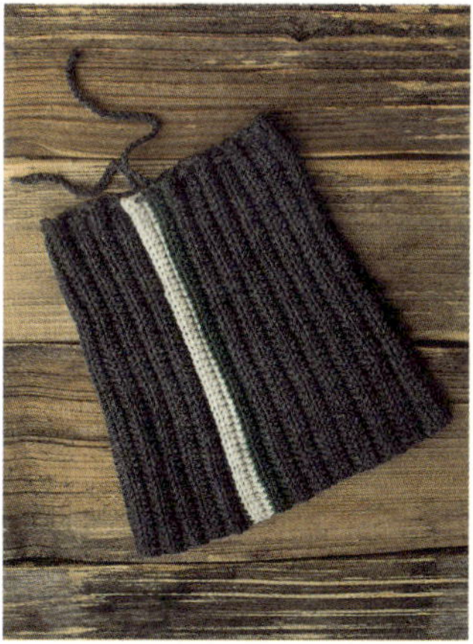

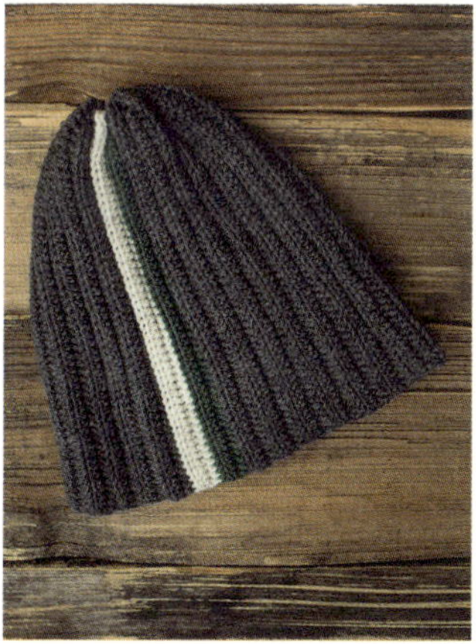

So wird's gemacht

1. Reihe: In Grau 50 Luftmaschen plus 1 Wendeluftmasche anschlagen.

2. Reihe: In jede Luftmasche 1 halbes Stäbchen häkeln (= 50 Maschen), Wendeluftmasche.

3. Reihe: 50 halbe Stäbchen häkeln, dabei immer nur in das hintere Maschenglied einstechen. Optisch entstehen dadurch leicht abgesetzte Reihen. Wendeluftmasche.

Diese Reihe so lange wiederholen, bis das 1. Knäuel aufgebraucht ist. Danach 2 andersfarbige Streifen mit je 2 Reihen in Grün und in Weiß häkeln, dabei den Farbwechsel nur am Ende der Reihe vornehmen.

Nun wieder in Grau weiterhäkeln, bis der gewünschte Kopfumfang erreicht ist. Bei der letzten Reihe die Wendeluftmasche weglassen.

Bei mir sind das 52 Reihen für eine Damenmütze, 56 Reihen für eine Herrenmütze.

Das Häkelstück in der Mitte zusammenlegen und locker mit Kettmaschen auf der Innenseite zusammenhäkeln. Fäden vernähen.

Für das Band eine Luftmaschenkette von ca. 60 cm häkeln und jeweils an den Enden verknoten. Am oberen Ende der Mütze durchfädeln, nach Belieben zusammenziehen und 1 Masche machen oder offen lassen.

Tipp

Wolle gibt mit der Zeit nach. Beim Probieren darf das gute Stück also ruhig ein wenig stramm sitzen.

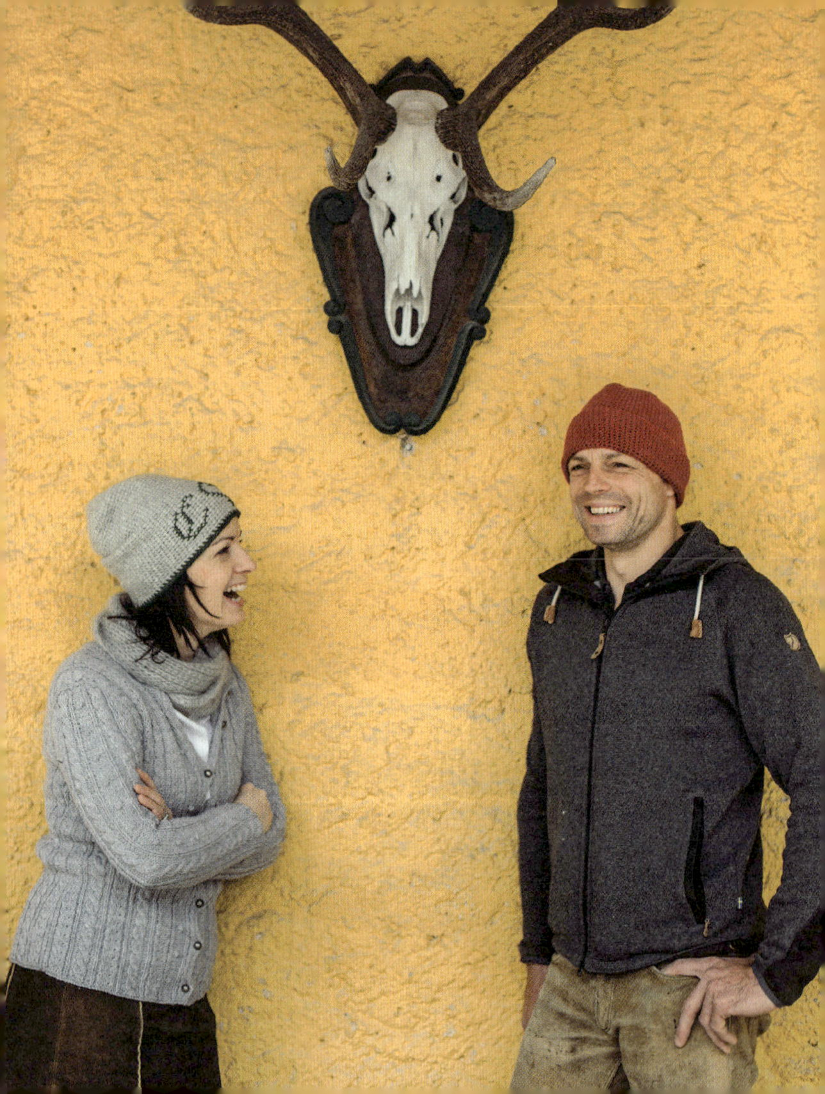

Mütze mit Botschaft

Modell: für Kinder, Damen und Herren

Schwierigkeit: leicht

Material: Lana Grossa *Alta Moda Cashmere 16* (Lana Grossa, 78% Schurwolle, 12% Kaschmir, 10% Polyamid; LL 110 m/ 50 g), 2 Knäuel (100 g) in Hellgrau meliert (Farbe 1) oder Dunkelrot (Farbe 10) und einen Rest Kontrastfarbe zum Aufsticken; Häkelnadel Nr. 6

Maschenprobe: 15 Maschen = 10 cm (zum Vergleich: laut Etikett sind 15 Maschen und 20 Reihen = 10 x 10 cm)

Hinweis: Die Mütze wird mit festen Maschen in Spiralrunden gehäkelt, oben beginnen.

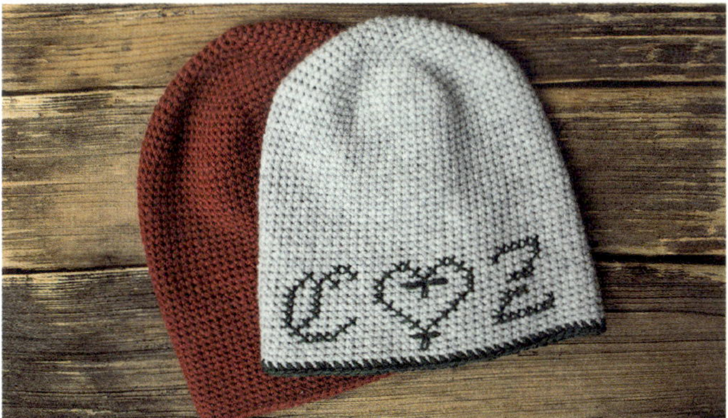

So wird's gemacht

1. Runde: In einen Fadenring 6 feste Maschen häkeln, die Runde nicht schließen, sondern einfach weiterhäkeln.

2. Runde: Jede Masche verdoppeln, d. h. in jede Masche der Vorrunde 2 feste Maschen häkeln (= 12 feste Maschen).

3. Runde: Den Rundenanfang mit einem Kontrastfaden markieren, danach jede 2. Masche verdoppeln, d. h. * 1 feste Masche, 2 feste Maschen in 1 Einstichstelle, ab * wiederholen (= 18 feste Maschen).

4. Runde: Jede 3. Masche verdoppeln (= 24 feste Maschen).

5. Runde: Jede 4. Masche verdoppeln (= 30 feste Maschen).

6. Runde: Jede 5. Masche verdoppeln (= 36 feste Maschen).

7. Runde: Jede 6. Masche verdoppeln (= 42 feste Maschen).

8. Runde: Jede 7. Masche verdoppeln (= 48 feste Maschen).

9. Runde: Jede 8. Masche verdoppeln (= 54 feste Maschen).

10. Runde: Ohne Zunahme häkeln.

11. Runde: Jede 9. Masche verdoppeln (= 60 feste Maschen).

12. Runde: Ohne Zunahme häkeln.

13. Runde: Jede 10. Masche verdoppeln (= 66 feste Maschen).

14. Runde: Ohne Zunahme häkeln.

15. Runde: Jede 11. Masche verdoppeln (= 72 feste Maschen).

Für Kinder die Runden 16 bis 20 auslassen.

16. Runde: Ohne Zunahme häkeln.

17. Runde: Jede 12. Masche verdoppeln (= 78 feste Maschen).

Für Damen die Runden 18 bis 20 auslassen.

18. und 19. Runde: Ohne Zunahme häkeln.

20. Runde: Jede 13. Masche verdoppeln (= 84 feste Maschen) *Herrengröße.*

Nun ohne Zunahme weiterhäkeln, bis die gewünschte Länge erreicht ist; bei mir sind das 26 cm Gesamtlänge. Eventuell die letzte Reihe in Kontrastfarbe häkeln, Fäden vernähen. Zum Abschluss können Sie Ihre Wunschbotschaft im Kreuzstich aufsticken (siehe unten). Inspiriert von der Lederhose machen Sie die Mütze mit Ihren Initialen zu einem Einzelstück!

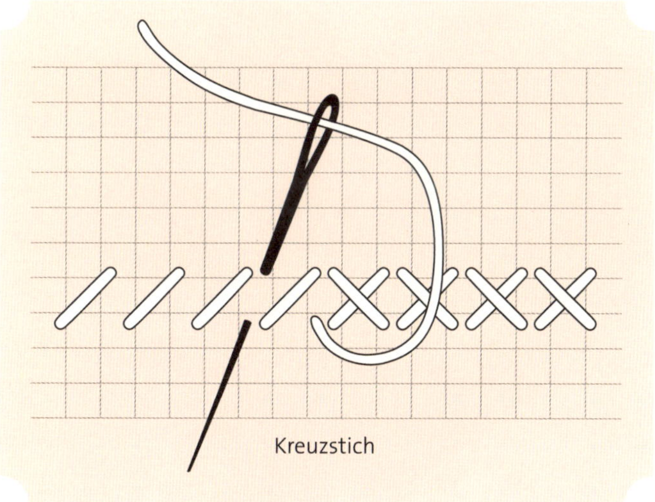

Kreuzstich

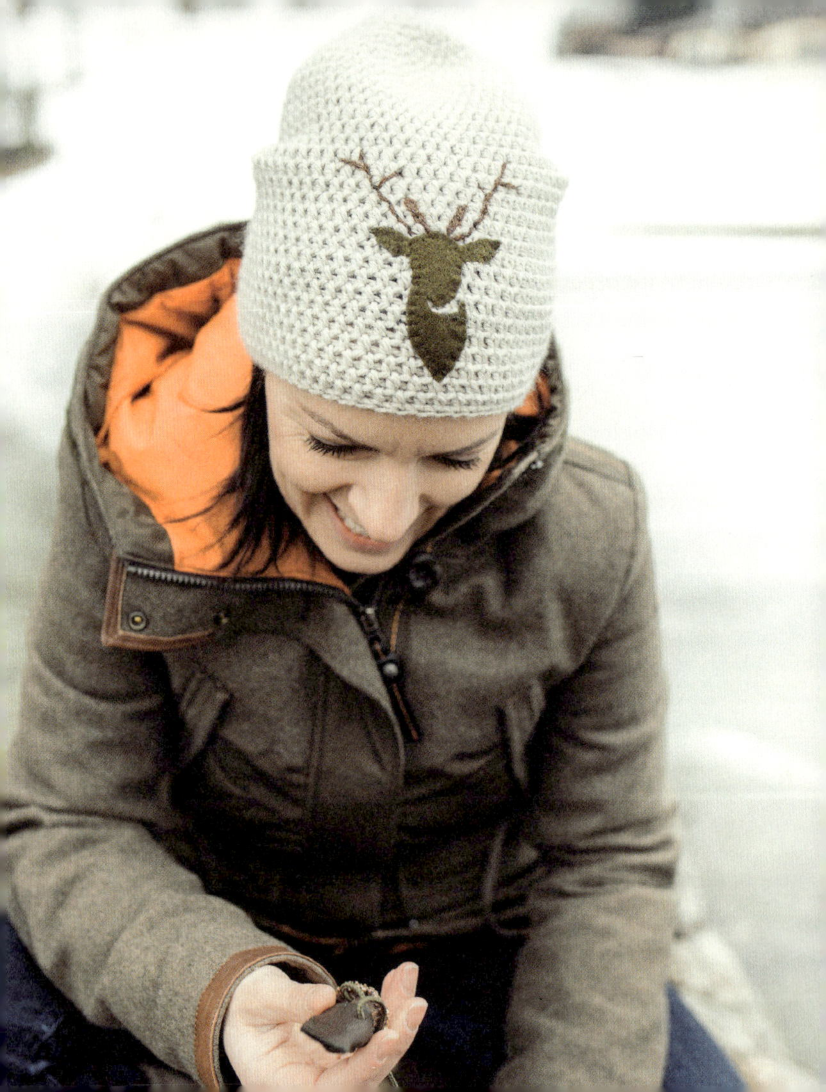

Waidmanns Heil

Modell: für Damen und Herren

Schwierigkeit: leicht

Material: Ferner Wolle *Alpaca Gold* (100% Super Baby Alpaka, LL 65 m/50 g), 2 Knäuel (100 g) in Wollweiß (Farbe A02) oder Lana Grossa *Bingo Alpaca* (70 % Schurwolle, 30 % Alpaka, LL 70 m/50 g), 2 Knäuel (100 g) in Rohweiß (Farbe 1); Häkelnadel Nr. 5,5 oder 6; Stoffrest, der nicht ausfranst, z. B. Filz; Kopie der Hirschvorlage (S. 33); Restwolle in Dunkelbraun zum Aufsticken für das Geweih

Maschenprobe: 14 Maschen = 10 cm (zum Vergleich: laut Etikett sind 15 Maschen und 20 Reihen = 10 x 10 cm)

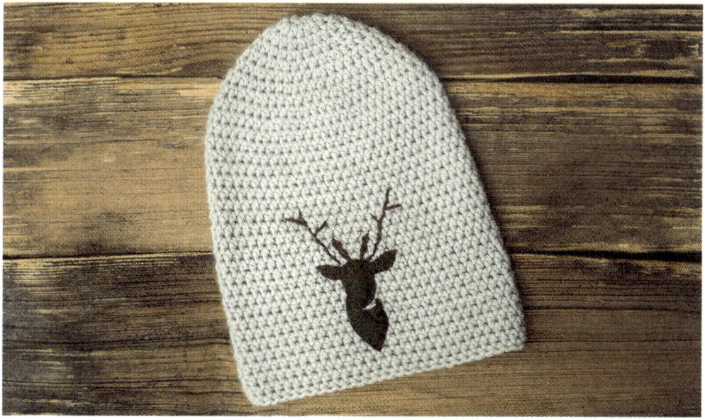

So wird's gemacht

1. Runde: In einen Fadenring 8 halbe Stäbchen häkeln, die Runde nicht schließen, sondern weiterarbeiten.

2. Runde: Jede Masche verdoppeln, d. h. in jede Masche der Vorrunde 2 halbe Stäbchen häkeln (= 16 halbe Stäbchen).

3. Runde: Rundenanfang mit einem Kontrastfaden oder einer Büroklammer markieren, danach jede 4. Masche verdoppeln (= 20 halbe Stäbchen).

4. Runde: Jede 4. Masche verdoppeln (= 25 halbe Stäbchen).

5. Runde: Jede 5. Masche verdoppeln (= 30 halbe Stäbchen).

6. Runde: Jede 6. Masche verdoppeln (= 35 halbe Stäbchen).

7. Runde: Jede 7. Masche verdoppeln (= 40 halbe Stäbchen).

8. Runde: Jede 8. Masche verdoppeln (= 45 halbe Stäbchen).

9. Runde: Jede 9. Masche verdoppeln (= 50 halbe Stäbchen).

10. Runde: Jede 10. Masche verdoppeln (= 55 halbe Stäbchen).

11. Runde: Jede 11. Masche verdoppeln (= 60 halbe Stäbchen).

Für Damen die 12. Runde auslassen.

12. Runde: Jede 12. Masche verdoppeln (= 66 halbe Stäbchen).

Nun ohne Zunahme weiterhäkeln, bis die gewünschte Höhe erreicht ist. Dabei in der letzten Runde feste Maschen häkeln.

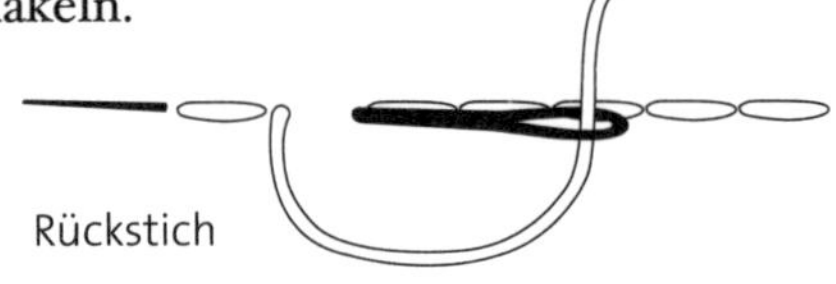

Rückstich

Für den Hirsch

Kopie des Hirschkopfes ausschneiden, auf den Stoff übertragen, ausschneiden und aufnähen. Das Geweih wird im Rückstich (siehe Seite 32) aufgestickt.

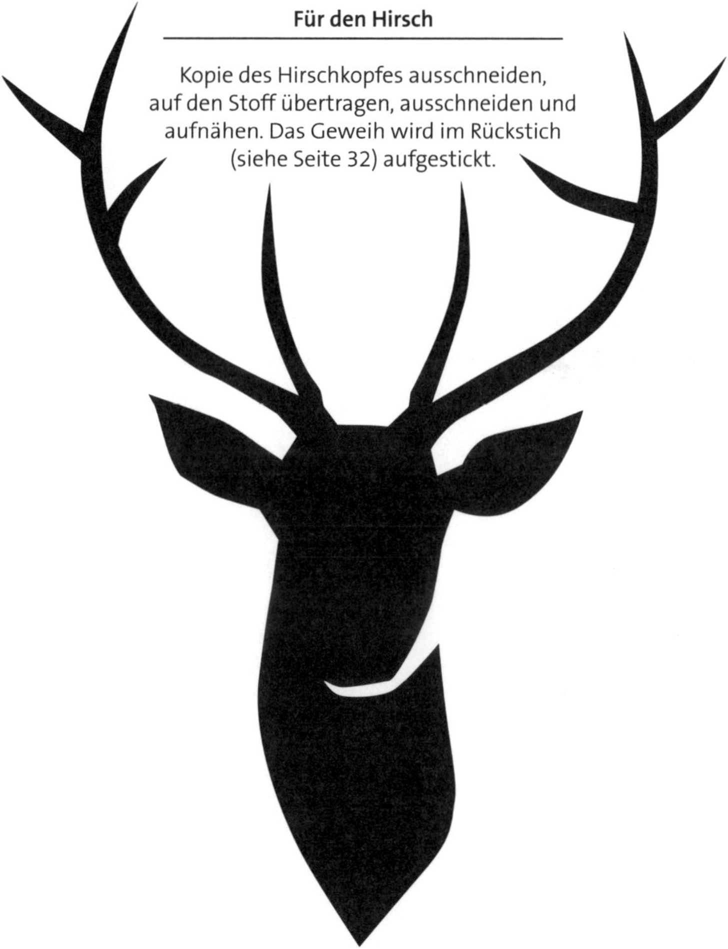

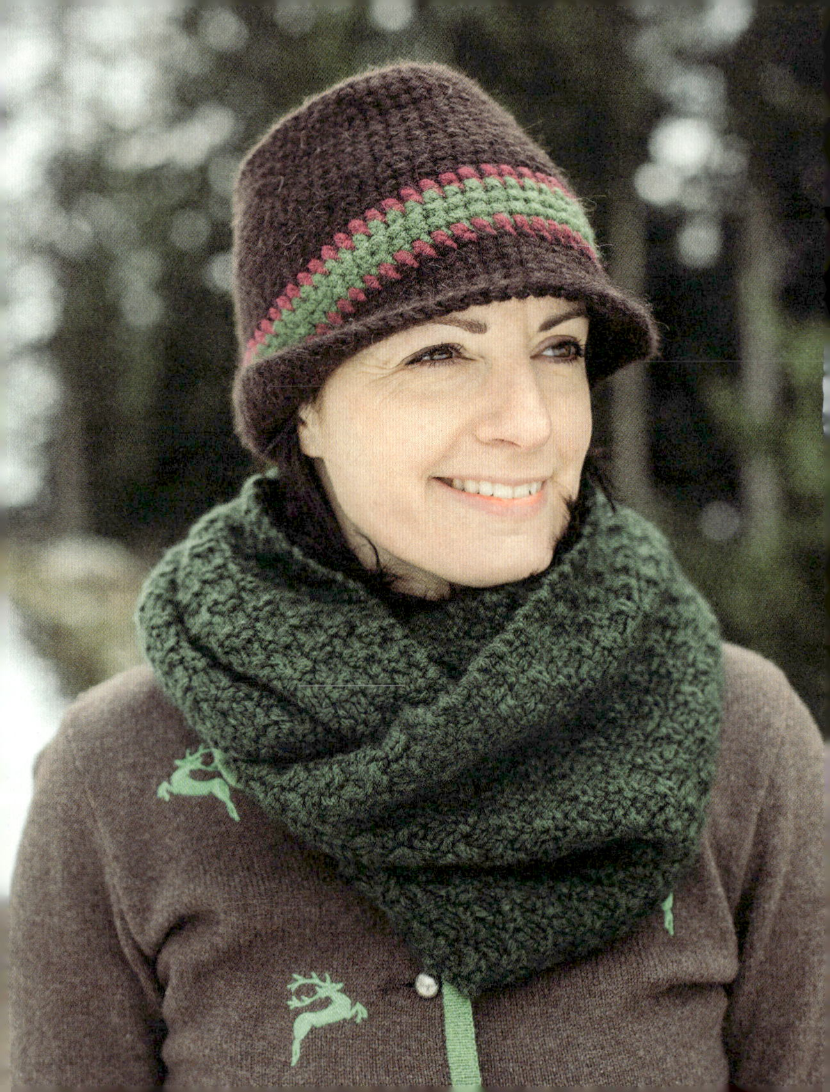

Häkelhut

Modell: für Kinder und Damen

Schwierigkeit: mittel

Material: Lang Yarns *Malou* (70 % Alpaka, 20% Polyamid, 10% Schurwolle, LL 65 m/50 g), 2 Knäuel (100 g) in Dunkelbraun (Farbe 68) als Grundfarbe und je 1 Knäuel (50 g) in Beere (Farbe 166) und in Olive dunkel (Farbe 98) für das Hutband; Häkelnadel Nr. 7

Maschenprobe: 11 Maschen = 10 cm (zum Vergleich: laut Etikett sind 11 Maschen und 16 Reihen = 10 x 10 cm)

Hinweis: Der Hut wird mit festen Maschen in Spiralrunden gehäkelt, oben beginnen.

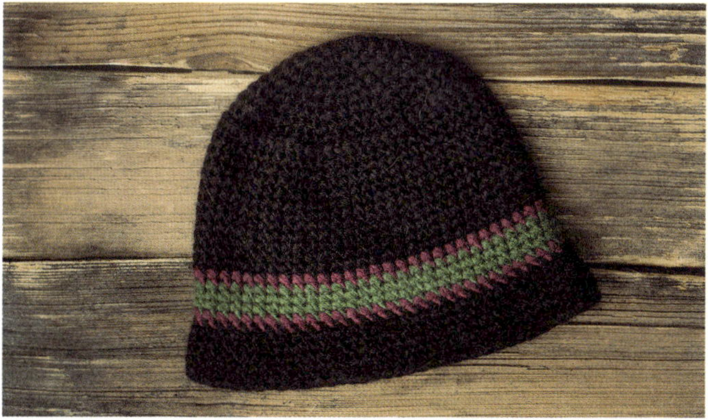

So wird's gemacht

1. Runde: In Dunkelbraun einen Fadenring mit 8 festen Maschen häkeln. Die Runde nicht schließen, sondern in Spiralrunden weiterhäkeln.

2. Runde: Jede Masche verdoppeln, d. h. in jede Masche der Vorrunde 2 feste Maschen häkeln (= 16 feste Maschen).

3. Runde: Den Rundenanfang mit einem Kontrastfaden oder einer Büroklammer markieren, danach jede 2. Masche verdoppeln, d. h. * 1 feste Masche, 2 feste Maschen in 1 Einstichstelle, ab * wiederholen (= 24 feste Maschen).

4. Runde: Jede 4. Masche verdoppeln (= 30 feste Maschen).

5. Runde: Jede 5. Masche verdoppeln (= 36 feste Maschen).

6. Runde: Jede 6. Masche verdoppeln (= 42 feste Maschen).

7. Runde: Jede 7. Masche verdoppeln (= 48 feste Maschen).

8. Runde: Jede 8. Masche verdoppeln (= 54 feste Maschen).

9. Runde: Ohne Zunahme häkeln.

10. Runde: Nun für die obere Hutkante ohne Zunahme halbe Reliefstäbchen von hinten eingestochen häkeln (= 54 halbe Reliefstäbchen). So entsteht eine Hutkante. Alternativ kann man auch 1 Runde feste Maschen häkeln.

Für einen Kinderhut die 11. Runde auslassen.

11. Runde: Mit festen Maschen weiterhäkeln, dabei jede 9. Masche verdoppeln (= 60 feste Maschen).

Nun für Kinder 7 und für Damen 9 Runden ohne Zunahme mit festen Maschen weiterhäkeln, die letzte Masche als Kettmasche häkeln.

Hutband

Farbe wechseln und in Beere weiterhäkeln. Dazu den Anfangsfaden mit 1 Luftmasche durchziehen und 1 Runde feste Maschen häkeln, mit 1 Kettmasche in die 1. Luftmasche schließen. Farbe wechseln und in Olive dunkel 3 Runden feste Maschen häkeln, mit 1 Kettmasche in die 1. Luftmasche schließen. Nochmals die Farbe wechseln und in Beere 1 Runde feste Maschen häkeln, mit 1 Kettmasche in die 1. Luftmasche schließen.

Krempe

Wieder in Dunkelbraun häkeln.

1. Runde: Ohne Zunahme häkeln (= 54 Maschen für eine Kindermütze und 60 Maschen für eine Damenmütze).

2. Runde: Jede 3. Masche verdoppeln (= 72 Maschen für eine Kindermütze und 80 Maschen für eine Damenmütze).

Noch 4 bis 5 Reihen ohne Zunahme weiterhäkeln. Fäden vernähen.

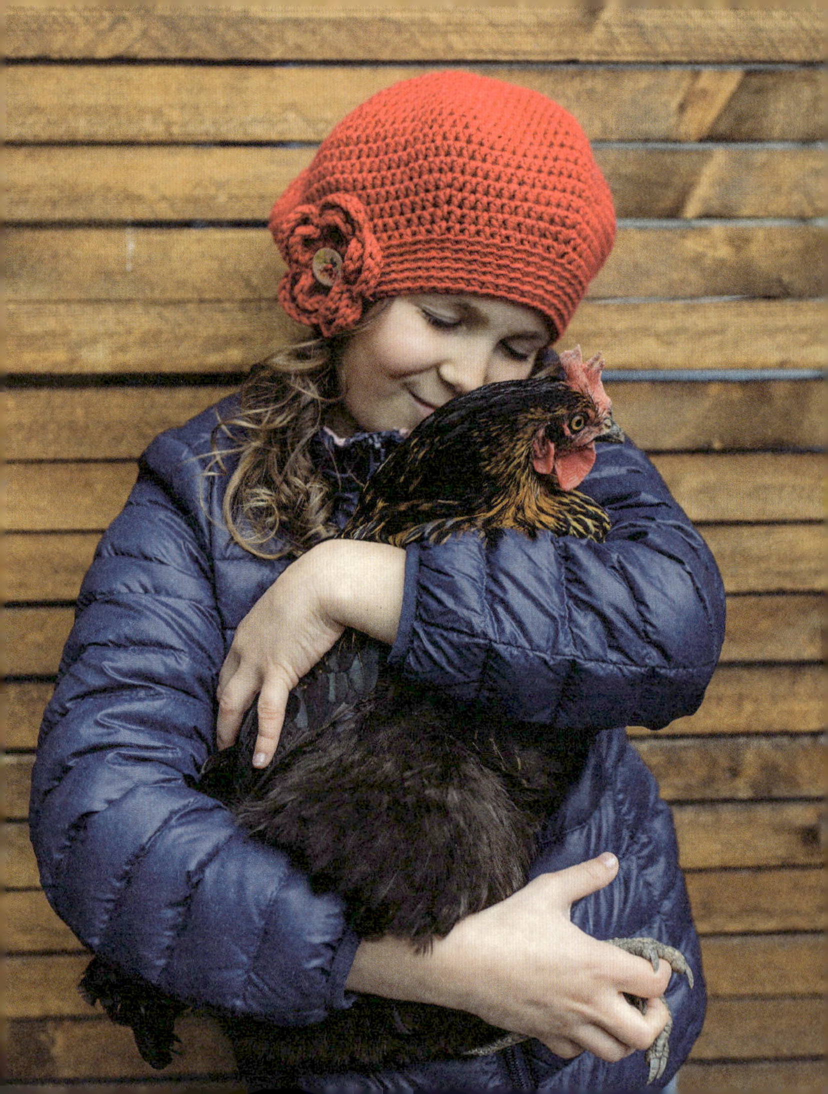

Blümchenmütze

Modell: für Kinder und Damen

Schwierigkeit: mittel

Material: Lana Grossa *Bingo* (Lana Grossa, 100% Merinoschurwolle, LL 80 m/50 g), 2 Knäuel (100 g) in Kirschrot (Farbe 44); Häkelnadel Nr. 5,5; 1 Knopf, ø ca. 20 mm

Maschenprobe: 14 Maschen = 10 cm (zum Vergleich: laut Etikett sind 16 Maschen und 23 Reihen = 10 x 10 cm)

Hinweis: In Spiralrunden mit halben Stäbchen arbeiten.

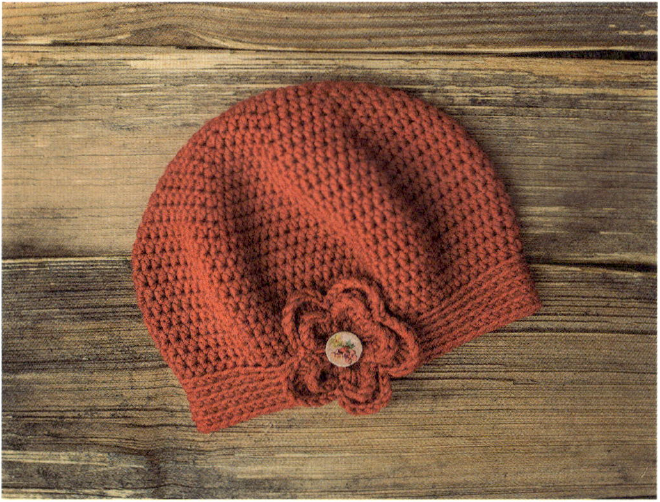

So wird's gemacht

1. Runde: In einen Fadenring 8 feste Maschen häkeln. Die Runde nicht schließen, sondern in Spiralrunden weiterhäkeln.

2. Runde: Jede Masche verdoppeln, d. h. in jede Masche der Vorrunde 2 halbe Stäbchen häkeln (= 16 halbe Stäbchen).

3. Runde: Den Rundenanfang mit einem Kontrastfaden oder einer Büroklammer markieren, danach jede 2. Masche verdoppeln, d. h. * 1 halbes Stäbchen, 2 halbe Stäbchen in 1 Einstichstelle, ab * wiederholen (= 24 halbe Stäbchen).

4. Runde: Jede 3. Masche verdoppeln (= 32 halbe Stäbchen).

5. Runde: Jede 4. Masche verdoppeln (= 40 halbe Stäbchen).

6. Runde: Jede 5. Masche verdoppeln (= 48 halbe Stäbchen).

7. Runde: Jede 6. Masche verdoppeln (= 56 halbe Stäbchen).

8. Runde: Jede 7. Masche verdoppeln (= 64 halbe Stäbchen).

9. Runde: Jede 8. Masche verdoppeln (= 72 halbe Stäbchen).

10. Runde: Jede 9. Masche verdoppeln (= 80 halbe Stäbchen).

11. Runde: Jede 10. Masche verdoppeln (= 88 halbe Stäbchen).

12. Runde: Jede 11. Masche verdoppeln (= 96 halbe Stäbchen).

Nun für Kinder 3, für Damen 5 Runden ohne Zunahme häkeln, danach mit der Abnahme wie folgt beginnen:

1. Runde: Jede 11. und 12. Masche zusammenhäkeln (= 88 halbe Stäbchen).

2. Runde: Jede 10. und 11. Masche zusammenhäkeln (= 80 halbe Stäbchen).

3. Runde: Jede 9. und 10. Masche zusammenhäkeln (= 72 halbe Stäbchen).
4. Runde: Jede 8. und 9. Masche zusammenhäkeln (= 64 halbe Stäbchen).

Für Kinder noch 1 Runde jede 7. und 8. Masche zusammenhäkeln (= 56 halbe Stäbchen).

Nun für Kinder 5, für Damen 6 Runden ohne Zu- oder Abnahme feste Maschen häkeln, dabei nur in das hintere Maschenglied einstechen. Fäden vernähen.

Blume

1. Runde: In einen Fadenring * 1 halbes Stäbchen, 3 Luftmaschen häkeln, ab * noch 4 x wiederholen, mit 1 Kettmasche in das 1. halbe Stäbchen schließen.

2. Runde: Unter den Luftmaschen eingestochen: * 1 halbes Stäbchen, 1 Stäbchen, 3 Doppelstäbchen, 1 Stäbchen, 1 halbes Stäbchen, 1 Kettmasche in das Stäbchen der Vorrunde, ab * noch 4 x wiederholen.

3. Runde: * 5 Luftmaschen, 1 Kettmasche in die Kettmasche der Vorrunde, ab * noch 4 x wiederholen.

4. Runde: Unter den Luftmaschen eingestochen: * 1 halbes Stäbchen, 1 Stäbchen, 5 Doppelstäbchen, 1 Stäbchen, 1 halbes Stäbchen, 1 Kettmasche in die Kettmasche der Vorrunde, ab * noch 4 x wiederholen.

Fäden vernähen, den Knopf auf die Blume nähen und die Blume an der Mütze festnähen.

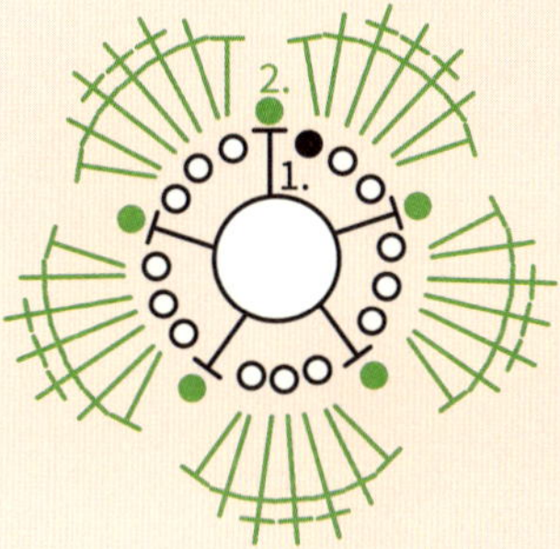

1. + 2. Runde

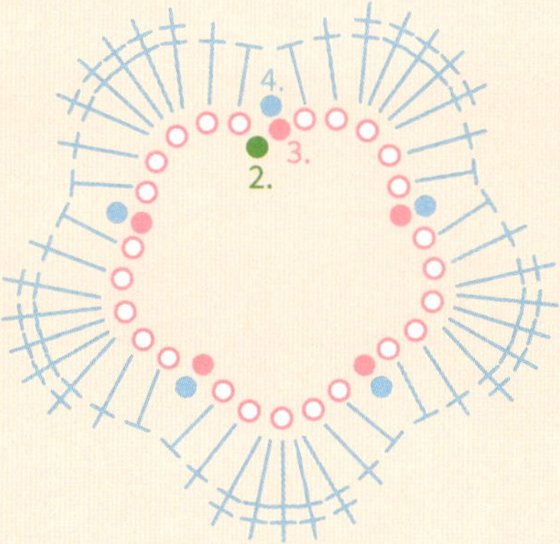

3. + 4. Runde

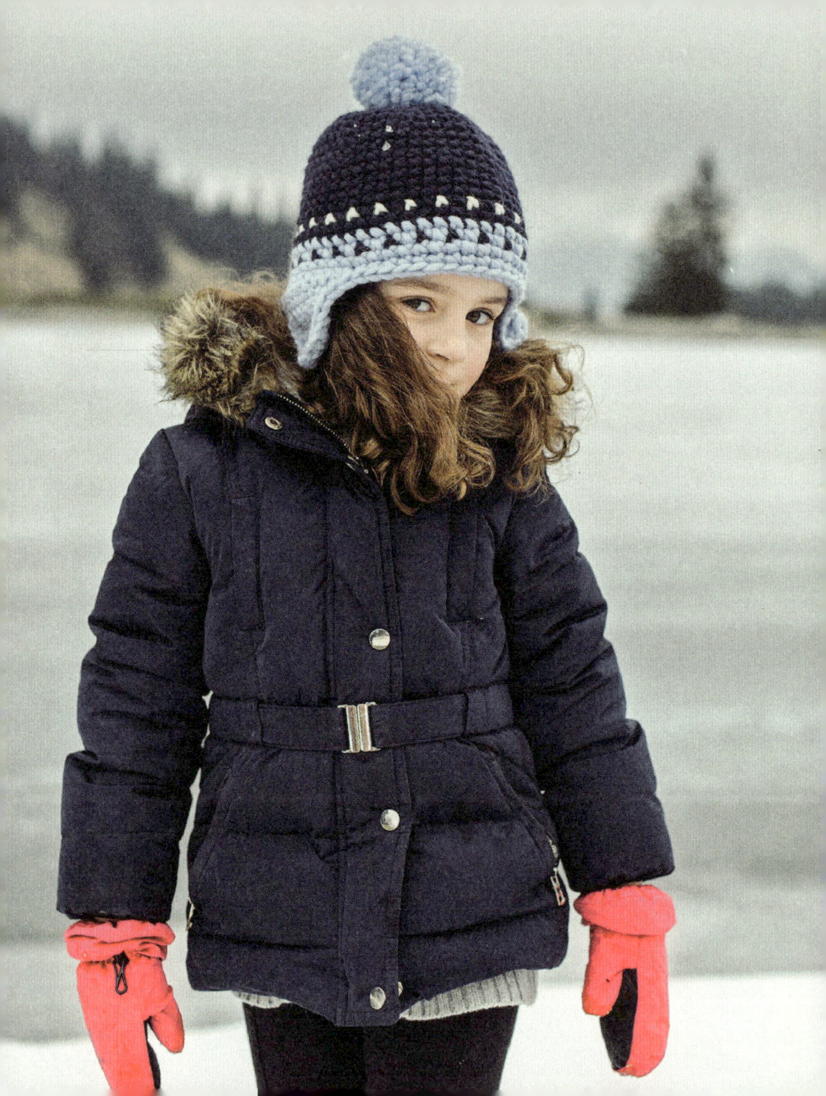

Mütze mit Ohren

Modell: für Kinder und Damen

Schwierigkeit: mittel

Material: Lana Grossa *Lei* (100% Schurwolle, LL 40 m/50 g), 2 Knäuel (100 g) in Nachtblau (Farbe 26), 1 Knäuel (50 g) in Rohweiß (Farbe 14) und 1 Knäuel (50 g) in Hellblau (Farbe 74); Häkelnadel Nr. 9

Maschenprobe: 10 Maschen = 10 cm (zum Vergleich: laut Etikett sind 9 Maschen und 11 Reihen = 10 x 10 cm)

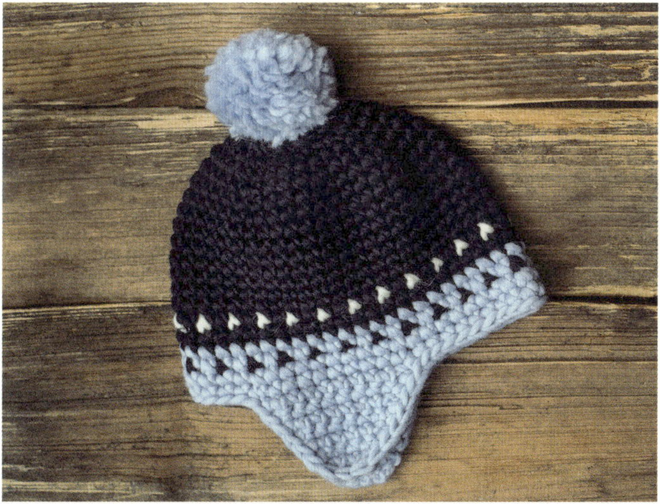

So wird's gemacht

1. Runde: In einen Fadenring 8 feste Maschen in Nachtblau häkeln. Die Runde nicht schließen, sondern in Spiralrunden weiterhäkeln.

2. Runde: Jede Masche verdoppeln, d. h. in jede Masche der Vorrunde 2 feste Maschen häkeln (=16 feste Maschen).

3. Runde: Den Rundenanfang mit einem Kontrastfaden oder einer Büroklammer markieren, danach jede 2. Masche verdoppeln, d. h. * 1 feste Masche, 2 feste Maschen in eine Einstichstelle, ab * wiederholen (= 24 feste Maschen).

4. Runde: Jede 3. Masche verdoppeln (= 32 feste Maschen).

5. Runde Ohne Zunahme häkeln.

6. Runde: Jede 4. Masche verdoppeln (= 40 feste Maschen).

7. Runde Ohne Zunahme häkeln.

8. Runde: Jede 5. Masche verdoppeln (= 48 feste Maschen = Kindergröße).

9. Runde: Ohne Zunahme häkeln.

Für Kinder die 10. Runde auslassen.

10. Runde: Jede 8. Masche verdoppeln (= 54 feste Maschen = Damengröße).

In Runden weiterhäkeln, bis 13 cm für Kinder, 14 cm für Damen (ab Fadenring gemessen) erreicht sind.

Nun folgt die Runde mit den Punkten:

Nadel durchstechen, Faden in Rohweiß holen (nun sind 2

verschiedenfarbige Fäden auf der Nadel), nachtblauen Faden holen und durchziehen. Dies bei jeder 2. Masche wiederholen, alle anderen werden wie gewohnt in Nachtblau gehäkelt.
Noch eine Runde in Nachtblau häkeln, dann in Hellblau weiterhäkeln.

Insgesamt 3 Runden in Hellblau, dabei die mittlere mit Punkten in Nachtblau häkeln.

Für die Ohren

Die Maschenanzahl durch 5 teilen. Das ergibt sowohl die Maschenanzahl für ein Ohr, den hinteren Abstand und wieder ein Ohr. Z. B. bei 48 Maschen hat ein Ohr 9 Maschen, der hintere Abstand zwischen den Ohren beträgt auch 9 Maschen, und das nächste Ohr auch (ggf. abrunden).
Mit der Häkelnadel in 1 Masche am unteren Rand einstechen und 1 Luftmasche durchziehen. Den Rand mit der ausgerechneten Anzahl fester Maschen behäkeln, wenden (ohne Wendeluftmasche) und die zuletzt gehäkelte feste Masche auslassen. So reduziert sich die Maschenzahl in jeder Reihe um 1 Masche. So lange wiederholen, bis noch 3 Maschen übrig sind. Zum Schluss den Rand der Mütze mit festen Maschen umhäkeln. Diese Mütze sieht mit einem Bommel besonders schön aus (siehe S. 20).

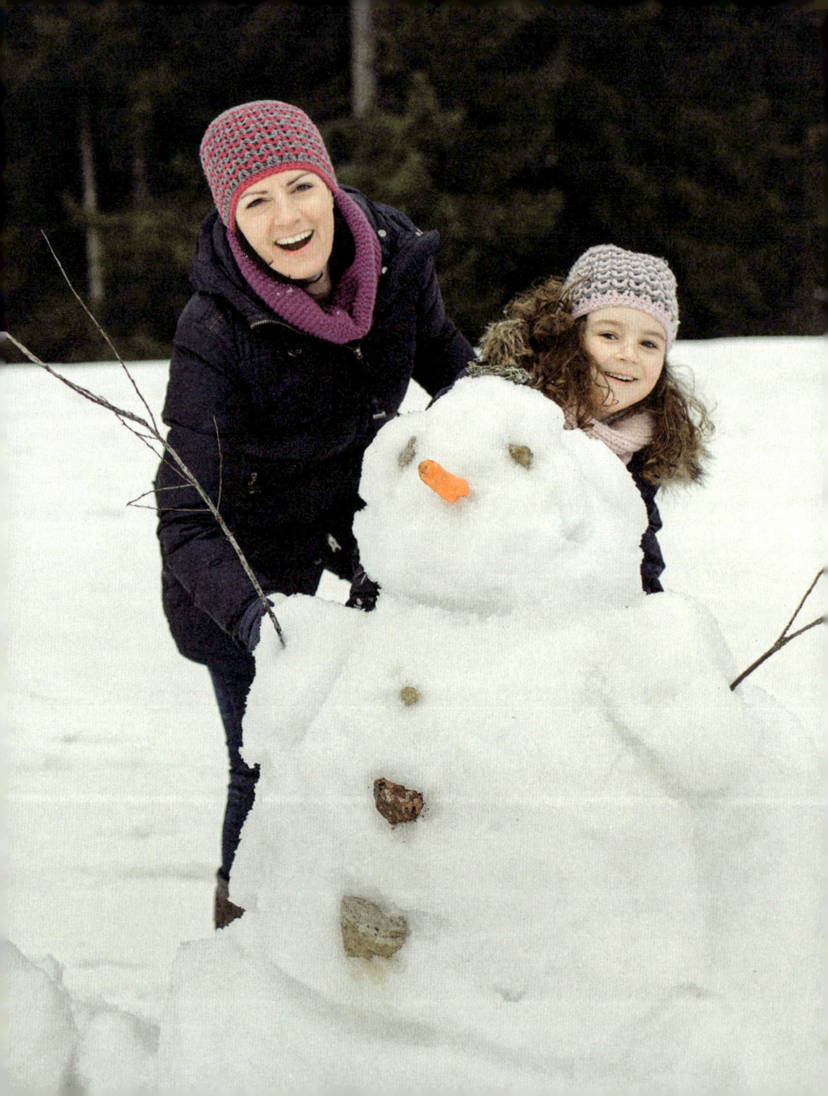

Zackig, zackig!

Modell: für Kinder, Damen und Herren

Schwierigkeit: mittel

Material: Lana Grossa *Superbingo* (100% Wolle, LL 55 m/50 g), 2 Knäuel (100 g) in Dunkelgrau meliert (Farbe 25), 1 Knäuel (50 g) in Zyklam (Farbe 45); Häkelnadel Nr. 6

Maschenprobe: 10 Maschen = 10 cm (zum Vergleich: laut Etikett sind 13 Maschen und 19 Reihen = 10 x 10 cm)

Hinweis: Beim Farbwechsel den Faden nicht abschneiden, sondern in der Mütze hängen lassen und wieder aufnehmen, wenn die Farbe an der Reihe ist. So muss man nicht so viele Fäden vernähen.

Muster: * 1 Stäbchen, 1 Luftmasche, 1 Stäbchen in die letzte Einstichstelle, ab * wiederholen, dabei ab der 2. Runde diese Kombination in die Luftmasche der Vorrunde einstechen.

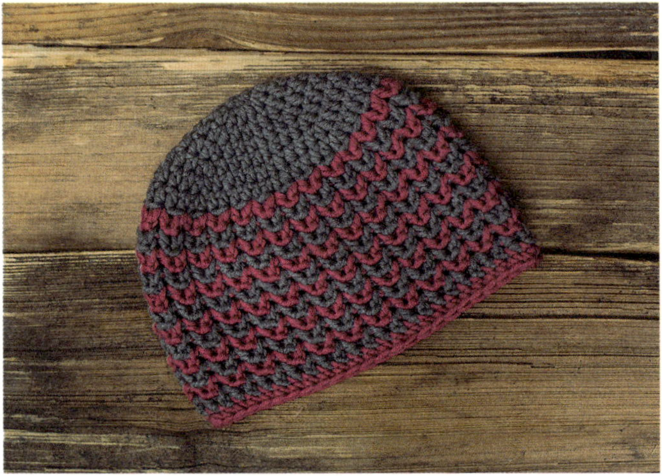

So wird's gemacht

1. Runde: In Dunkelgrau meliert in einen Fadenring 8 feste Maschen häkeln, mit 1 Kettmasche in die 1. feste Masche zur Runde schließen.

2. Runde: 1 Luftmasche (diese gilt immer als Ersatz eines halben Stäbchens), 1 halbes Stäbchen, danach in jede Masche der Vorrunde 2 halbe Stäbchen häkeln, die Runde mit 1 Kettmasche in die 1. gehäkelte Luftmasche schließen (= 16 halbe Stäbchen).

3. Runde: Jede 2. Masche verdoppeln: 1 Luftmasche, 1 halbes Stäbchen, * 1 halbes Stäbchen, 2 halbe Stäbchen in 1 Einstichstelle, ab * wiederholen, die Runde mit 1 Kettmasche schließen (= 24 halbe Stäbchen).

4. Runde: Jede 3. Masche verdoppeln: 1 Luftmasche, 1 halbes Stäbchen, * 2 halbe Stäbchen, 2 halbe Stäbchen in 1 Einstichstelle, ab * wiederholen, die Runde mit 1 Kettmasche schließen (= 32 halbe Stäbchen).

5. Runde: Jede 4. Masche verdoppeln: 1 Luftmasche, 1 halbes Stäbchen, * 3 halbe Stäbchen, 2 halbe Stäbchen in 1 Einstichstelle, ab * wiederholen, die Runde mit 1 Kettmasche schließen (= 40 halbe Stäbchen).

6. Runde: Jede 5. Masche verdoppeln: 1 Luftmasche, 1 halbes Stäbchen, * 4 halbe Stäbchen, 2 halbe Stäbchen in 1 Einstichstelle, ab * wiederholen, die Runde mit 1 Kettmasche schließen (= 48 halbe Stäbchen).

Für Kinder Runde 7 und 8 auslassen.

7. Runde: Jede 6. Masche verdoppeln: 1 Luftmasche, 1 halbes Stäbchen, * 5 halbe Stäbchen, 2 halbe Stäbchen in 1 Einstichstelle, ab * wiederholen, die Runde mit 1 Kettmasche schließen (= 56 halbe Stäbchen).

Für Damen Runde 8 auslassen.

8. Runde: Jede 7. Masche verdoppeln: 1 Luftmasche, 1 halbes Stäbchen, * 6 halbe Stäbchen, 2 halbe Stäbchen in 1 Einstichstelle, ab * wiederholen, die Runde mit 1 Kettmasche schließen (= 64 halbe Stäbchen).

Herrengröße.
Aber der nächsten Runde die Reihen abwechselnd in Dunkelgrau meliert und Zyklam häkeln.

Tipp

Beim Farbwechsel an der neuen Farbe fest am Faden ziehen, so wird der Übergang schöner.

Ab hier im Muster ohne Zunahme häkeln und jede Reihe die Farbe wechseln: 1 Luftmasche, 1 Einstichstelle, 1 halbes Stäbchen, 1 Luftmasche, 1 halbes Stäbchen, dann * 1 halbes Stäbchen in die übernächste Masche der Vorrunde häkeln (= 1 Masche der Vorrunde überspringen!) und 1 Luftmasche und 1 halbes Stäbchen, ab * wiederholen, Runde mit Kettmasche in die erste Luftmasche schließen.

Ab der nächsten Runde:
1 Luftmasche, * 1 halbes Stäbchen und 1 Luftmasche und 1 halbes Stäbchen in dieselbe Einstichstelle unter der Luftmasche der Vorrunde einstechen, ab * wiederholen, Runde mit Kettmasche in die erste Luftmasche schließen.
Diese Reihe so oft wiederholen, bis die gewünschte Länge

der Mütze erreicht ist. Ich benötige ab dem Farbwechsel 12 Reihen für eine Damenmütze und 13 für ein Herrenmodell. Danach die letzten 2 Runden feste Maschen häkeln, dabei unter der Luftmasche und zwischen den Stäbchen abwechselnd einstechen, Faden vernähen.

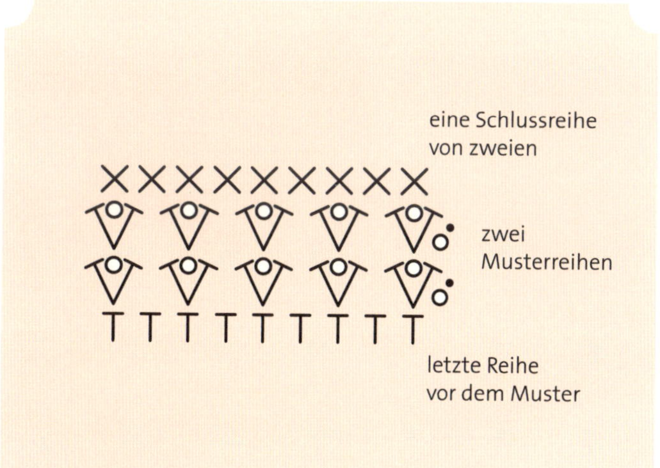

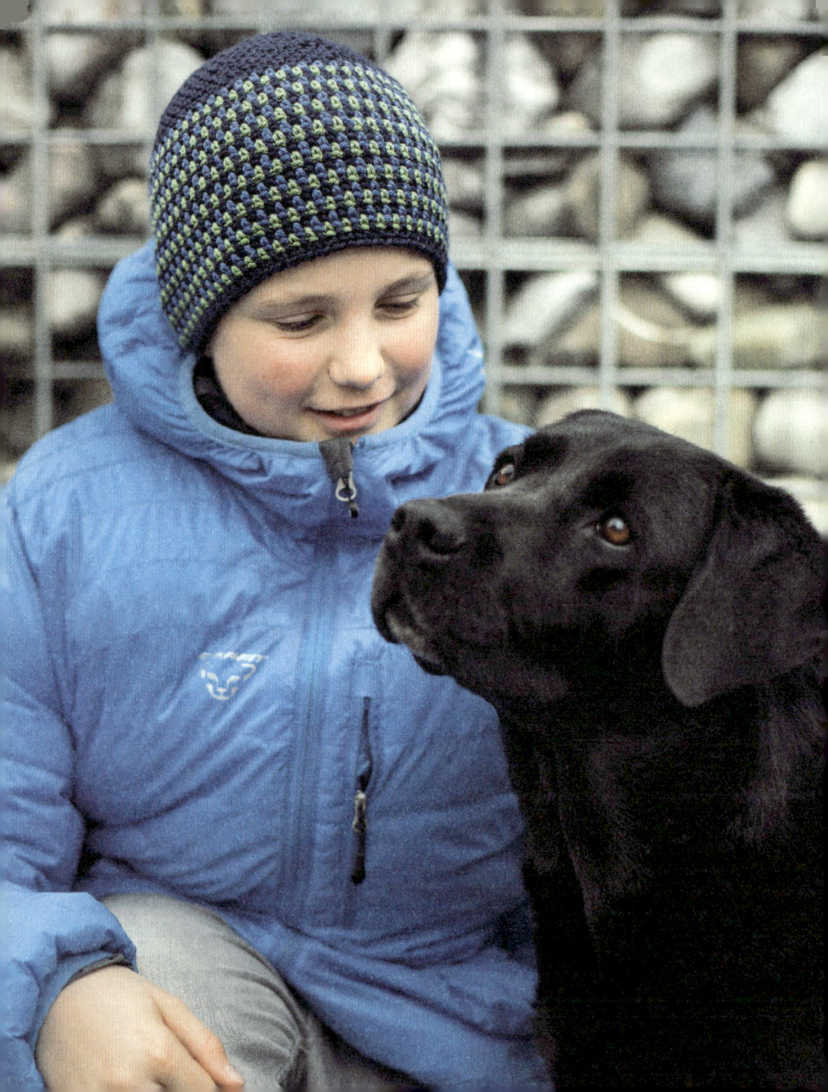

Flechtwerk

Modell: für Kinder und Herren

Schwierigkeit: mittel

Material: Ferner Wolle *Tencino 80* (Wollgarnspinnerei Ferner, 50% Wolle, 50% Tencel, LL 80 m/50 g), je 1 Knäuel (50 g) in Dunkelblau (Farbe T8011), in Blau (Farbe T8010) und in Grün (Farbe T8007); Häkelnadel Nr. 4,5

Maschenprobe: 16 Maschen = 10 cm (zum Vergleich: laut Etikett sind 20 Maschen und 28 Reihen = 10 x 10 cm)

Flechtmuster: * Eine feste Masche unter der Luftmasche der Vorrunde einstechen, eine Luftmasche, ab * wiederholen.

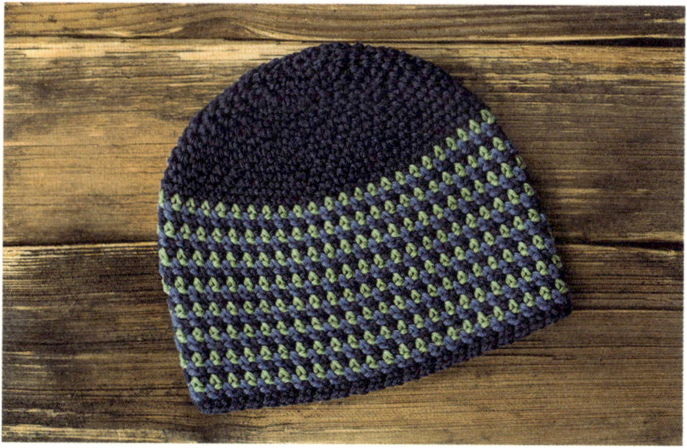

So wird's gemacht

1. Runde: In Dunkelblau in einen Fadenring 8 feste Maschen häkeln. Die Runde nicht schließen, sondern in Spiralrunden weiterhäkeln.

2. Runde: Jede Masche verdoppeln, d. h. in 1 Einstichstelle je 2 feste Maschen häkeln (= 16 feste Maschen).

3. Runde: Den Rundenanfang mit einem Kontrastfaden oder einer Büroklammer markieren und 1 Runde feste Maschen häkeln, dabei nach jeder festen Masche 1 Luftmasche häkeln (= 16 Maschen ohne Luftmaschen).

4. Runde: Ohne Zunahme häkeln. Ab jetzt die Mütze immer im Flechtmuster weiterhäkeln (1 feste Masche und 1 Luftmasche abwechselnd), dabei die feste Masche unter der Luftmasche der Vorrunde einstechen (= 16 Maschen ohne Luftmaschen).

5. Runde: Jede 2. Masche verdoppeln, dabei die Luftmasche nach den festen Maschen nicht vergessen (= 24 Maschen ohne Luftmaschen).

6. Runde und 7. Runde: Ohne Zunahme häkeln (= 24 Maschen).

8. Runde: Jede 3. Masche verdoppeln (= 32 Maschen).

9. Runde und 10. Runde: Ohne Zunahme häkeln.

11. Runde: Jede 4. Masche verdoppeln (= 40 Maschen).

12. Runde und 13. Runde: Ohne Zunahme häkeln.

14. Runde: Jede 5. Masche verdoppeln (= 48 Maschen).

15. Runde und 16. Runde: Ohne Zunahme häkeln.

18. Runde: Jede 6. Masche verdoppeln (= 56 Maschen).

Damengröße.

19. Runde: Ohne Zunahme häkeln.

Für Damen Runde 20 auslassen.

20. Runde: Jede 7. Masche verdoppeln (= 64 Maschen).

Herrengröße.

Farbwechsel vornehmen, dazu 1 Kettmasche in Dunkelblau häkeln. Nun jede Reihe einen Farbwechsel vornehmen, dabei mit Grün beginnend 1 Luftmasche durchziehen und im Flechtmuster weiterhäkeln. Jede Runde mit 1 festen Masche beginnen und mit 1 Luftmasche enden. Mit 1 Kettmasche in die 1. Luftmasche schließen. Die Farbreihenfolge einhalten. Nach 18 cm (Damen) und 19 cm (Herren) ab Fadenring gemessen, die letzten 2 Runden der Mütze wieder in Dunkelblau häkeln. Fäden vernähen.

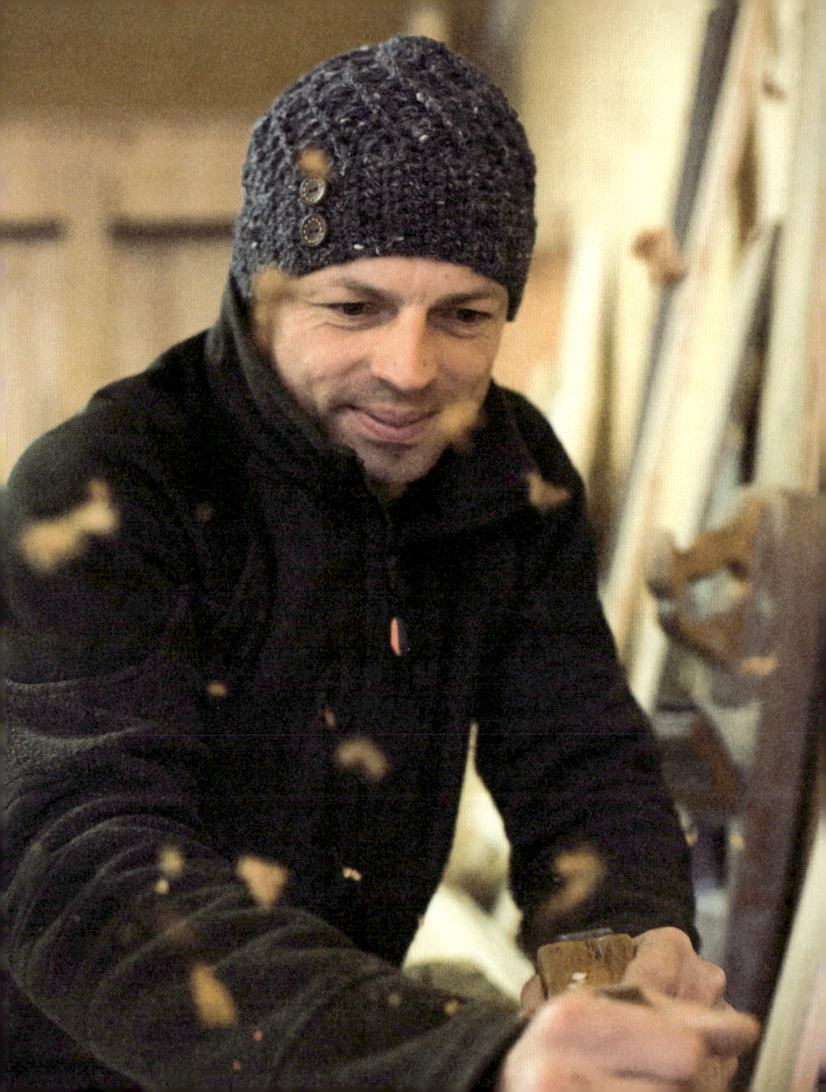

Zugeknöpft

Modell: für Kinder, Damen und Herren

Schwierigkeit: mittel

Material: Ferner Wolle *Killary Tweed* (Wollgarnspinnerei Ferner, 95% Wolle, 5% Kaschmir, LL 95 m/50 g), 2 Knäuel (100 g) in Dunkelgrau (Farbe 3); 2 Knöpfe, ø ca. 20 mm (nach Belieben); Häkelnadel Nr. 5

Maschenprobe: 14 Maschen = 10 cm (zum Vergleich: laut Etikett sind 16 Maschen und 22 Reihen = 10 x 10 cm)

Hinweis: Für diese Mütze wird zuerst ein Stirnband gehäkelt und dann von unten zur Spitze hin gearbeitet.

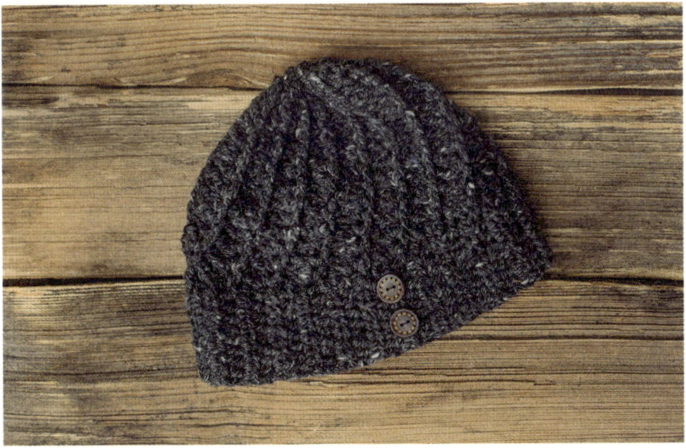

So wird's gemacht

8 Luftmaschen und 1 Wendeluftmasche anschlagen.
* 8 feste Maschen, 1 Wendeluftmasche häkeln. Ab * so lange wiederholen, bis von dem Stirnband der gewünschte Kopfumfang erreicht ist.

Als Richtwert: Für eine Kindermütze 60 Reihen, für eine Damenmütze 64 Reihen, für eine Herrenmütze 68 Reihen häkeln.
Achtung: Die Reihenanzahl muss durch 4 teilbar sein!

Das Stirnband auf der Innenseite locker mit Kettmaschen zusammenhäkeln, danach in Runden zur Spitze hin arbeiten, dabei wie folgt einteilen:

1. Runde: Feste Maschen häkeln, dabei in jede Reihe 1 Masche (= die Anzahl der Maschen entspricht der Anzahl der Reihen vom Stirnband).
2. Runde: 1 Luftmasche (dient nicht als Ersatz für 1 Stäbchen; sie ist nur dazu da, um die Höhe zu überbrücken), * in die 1. feste Masche des Stirnbandes ein vorderes Reliefstäbchen, in die 2. Masche 4 Stäbchen in 1 Einstichstelle häkeln, 2 feste Maschen auslassen. Ab * wiederholen, am Ende der Runde 1 Kettmasche in die 1. Luftmasche häkeln.

3. bis 5. Runde: 1 Luftmasche, * 1 vorderes Reliefstäbchen, in die nächste Masche 4 Stäbchen häkeln, ab * wiederholen, dabei das Reliefstäbchen immer über dem Reliefstäbchen der Vorrunde häkeln. Die Runde mit 1 Kettmasche in die 1. Luftmasche schließen.
6. bis 10. Runde: 1 Luftmasche, * 1 vorderes Reliefstäbchen, in die nächste Masche 3 Stäbchen häkeln, ab * wiederholen, dabei das Reliefstäbchen immer über dem Reliefstäbchen der Vorrunde häkeln. Die Runde mit 1 Kettmasche in die 1. Luftmasche schließen.
11. bis 14. Runde: 1 Luftmasche, * 1 vorderes Reliefstäbchen, in die nächste Masche 2 Stäbchen häkeln, ab * wiederholen, dabei das Reliefstäbchen immer über dem Reliefstäbchen der Vorrunde häkeln. Die Runde mit 1 Kettmasche in die 1. Luftmasche schließen.
15. bis 17. Runde: 1 Luftmasche, * 1 vorderes Reliefstäbchen, in die nächste Masche ein Stäbchen häkeln, ab * wiederholen, dabei das Reliefstäbchen immer über dem Reliefstäbchen der Vorrunde häkeln. Die Runde mit 1 Kettmasche in die 1. Luftmasche schließen.
Einen reißfesten Faden durch die Maschen ziehen, zusammenziehen und vernähen.

Nach Belieben zur Dekoration Knöpfe aufnähen.

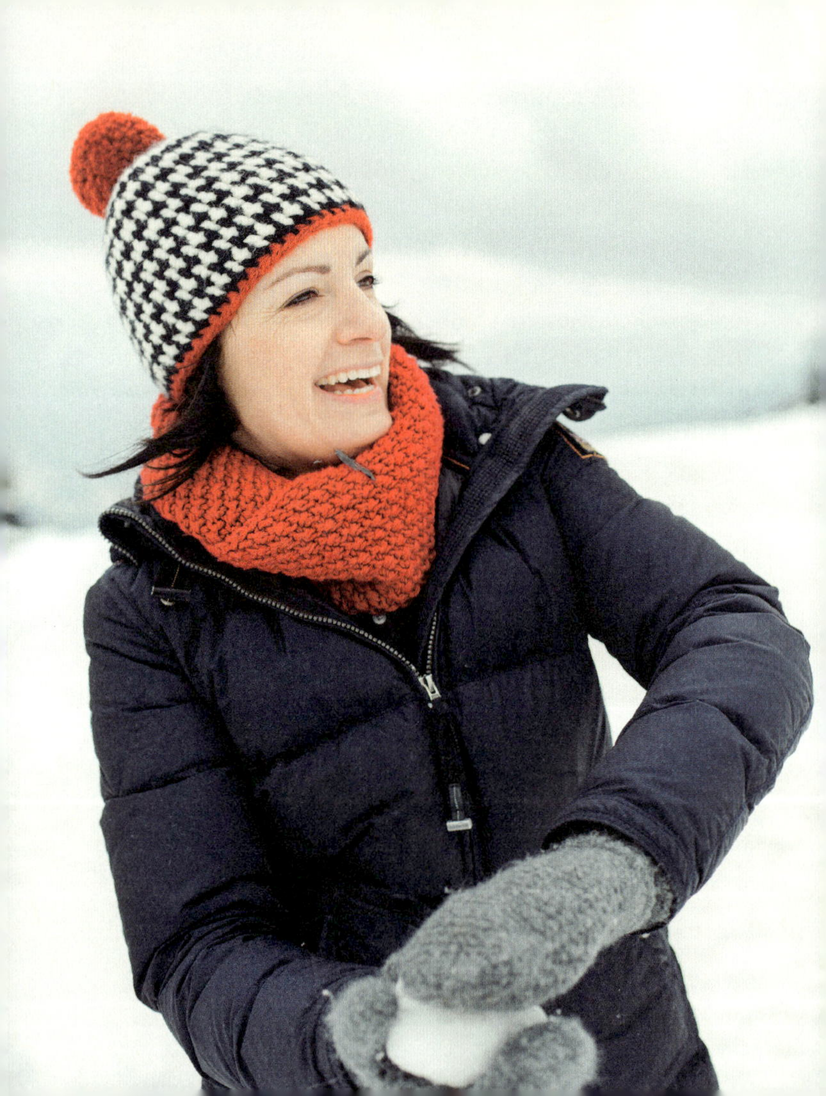

Hahnentritt

Modell: für Damen

Schwierigkeit: mittel

Material: Lang Yarns *Malou* (70% Alpaka, 20% Polyamid, 10% Schurwolle, LL 65 m/50 g) je 1 Knäuel (50 g) in Weiß (Farbe 94), in Schwarz (Farbe 04) und in Rot (Farbe 60) als Kontrastfarbe für Rand und Bommel; Häkelnadel Nr. 8

Maschenprobe: 10 Maschen = 10 cm (zum Vergleich: laut Etikett sind 11 Maschen und 16 Reihen = 10 x 10 cm)

Muster: 1 feste Masche, 1 Stäbchen abwechselnd häkeln, in jeder Reihe die Farbe wechseln und versetzen, d. h. in das Stäbchen der Vorrunde die feste Masche häkeln und umgekehrt. Die feste Masche dabei besonders fest häkeln - so kommt das Muster besser zur Geltung.

Hinweis: Beim Farbwechsel den Faden nicht abschneiden, sondern in der Mütze hängen lassen und wieder aufnehmen, wenn die Farbe an der Reihe ist. So muss man nicht so viele Fäden vernähen. Jede Runde beginnt mit 1 festen Masche und endet mit 1 Stäbchen.

So wird's gemacht

1. Runde: In Weiß in einen Fadenring 8 feste Maschen häkeln. Die Runde mit 1 Kettmasche in die 1. feste Masche schließen.

2. Runde: Zu Schwarz wechseln, dabei den schwarzen Faden mit 1 Luftmasche durchziehen. Alle Maschen verdoppeln: In jede feste Masche der Vorrunde je 1 feste Masche und 1 Stäbchen häkeln (= 16 Maschen). Die Runde mit 1 Kettmasche in die 1. Masche schließen, Farbe wechseln.

3. Runde in Weiß: Wie die Vorrunde jede Masche im Muster verdoppeln, d. h. in jede Masche der Vorrunde je 1 feste Masche und 1 Stäbchen häkeln (= 32 Maschen). Die Runde mit 1 Kettmasche in die 1. Masche schließen, wobei ab hier die Kettmasche immer in dieselbe Einstichstelle wie die erste feste Masche der Vorrunde gestochen wird (also tiefer einstechen). So sieht man den Farbwechsel nicht.
Farbe wechseln.

4. Runde in Schwarz und 5. Runde in Weiß: Ohne Zunahme häkeln, d. h. * 1 feste Masche in das Stäbchen der Vorrunde, 1 Stäbchen in die feste Masche der Vorrunde häkeln, ab * wiederholen. Die Runde mit 1 Kettmasche schließen, Farbe wechseln.

6. Runde in Schwarz: Jede 2. Masche verdoppeln, dabei in jede feste Masche der Vorrunde je 1 feste Masche und 1

Stäbchen häkeln, in jedes Stäbchen der Vorrunde 1 feste Masche häkeln (= 48 Maschen). Die Runde mit 1 Kettmasche schließen, Farbe wechseln.

7. bis 20. Runde: Ohne Zunahme im Muster häkeln. Dabei die Runde immer mit 1 festen Masche beginnen, mit 1 Kettmasche schließen und Farbe wechseln.

21. Runde: In Rot 1 Runde feste Maschen häkeln. Arbeit beenden und Fäden vernähen.

Tipp

Diese Mütze sieht besonders schön mit Bommel aus (siehe S. 20).

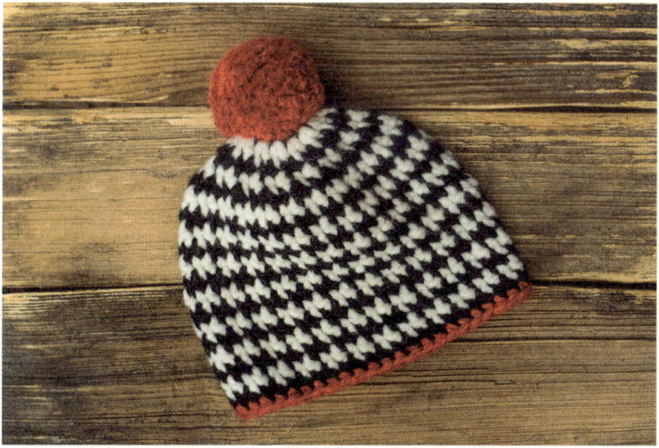

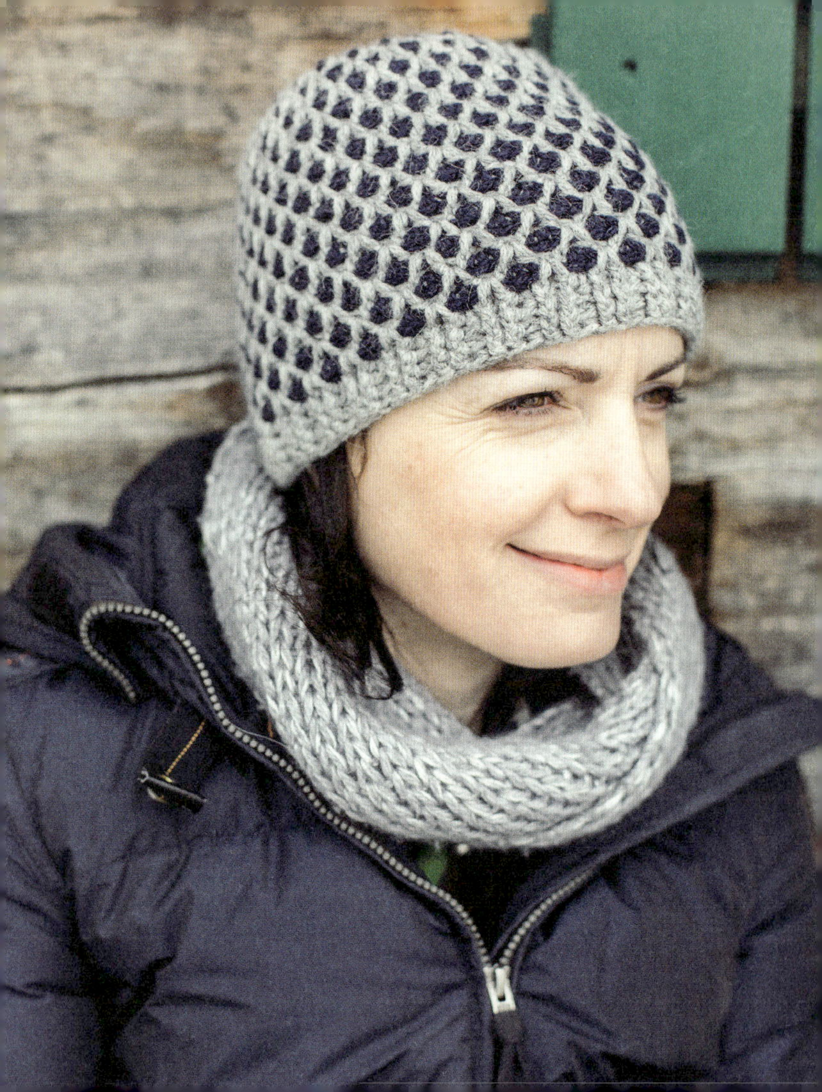

Honigwaben

Modell: für Damen

Schwierigkeit: schwer

Material: Lana Grossa *Alta Moda Alpaca* (90 % Babyalpaka, 5% Merinoschurwolle, 5% Polyamid, LL 140 m/50 g), je 1 Knäuel (50 g) in Hellgrau meliert (Farbe 12) und in Nachtblau (Farbe 5); Häkelnadel Nr. 5

Maschenprobe: 15 Maschen = 10 cm (zum Vergleich: laut Etikett sind 17 Maschen und 22 Reihen = 10 x 10 cm)

Hinweis: Beim Farbwechsel den Faden nicht abschneiden, sondern in der Mütze hängen lassen und wieder aufnehmen, wenn die Farbe an der Reihe ist. So muss man nicht so viele Fäden vernähen.

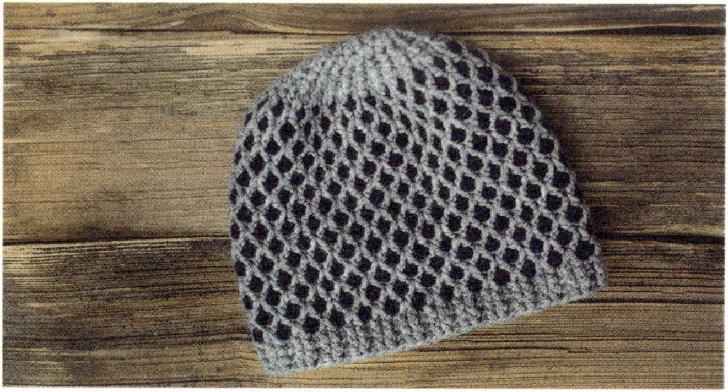

So wird's gemacht

1. Runde: In Hellgrau in einen Fadenring 7 feste Maschen häkeln, mit 1 Kettmasche in die 1. Masche schließen.

2. Runde: 2 Luftmaschen (= Ersatzstäbchen), 1 Stäbchen in die nächste Einstichstelle. Danach jede Masche der Vorrunde verdoppeln, dabei jeweils in 1 Einstichstelle 2 Stäbchen häkeln, mit 1 Kettmasche in die 2. Luftmasche schließen (= 14 Stäbchen).

3. Runde: Alle Maschen verdoppeln: 2 Luftmaschen, 1 vorderes Reliefstäbchen um den Maschenkörper unter den Luftmaschen häkeln, * 1 hinteres Reliefstäbchen und 1 vorderes Reliefstäbchen um den nächsten Maschenkörper häkeln, ab * wiederholen, die Runde mit 1 Kettmasche in die 2. Luftmasche schließen (= 28 Reliefstäbchen).

4. Runde: Ohne Zunahme häkeln: 2 Luftmaschen, nun die Maschen häkeln wie sie erscheinen, d. h. in jedes vorderes Reliefstäbchen ein vorderes häkeln und umgekehrt. Mit 1 Kettmasche in die 2. Luftmasche schließen (= 28 Reliefstäbchen).

5. Runde: Maschen verdoppeln: 2 Luftmaschen, 1 vorderes Reliefstäbchen um den Maschenkörper unter den Luftmaschen häkeln, * 1 hinteres Reliefstäbchen und 1 vorderes Reliefstäbchen um den nächsten Maschenkörper häkeln, ab * wiederholen, die Runde mit 1 Kettmasche in die 2. Luftmasche schließen (= 56 Reliefstäbchen).

6. und 7. Runde: Ohne Zunahme häkeln: 2 Luftmaschen, alle Maschen wie die der Vorrunde häkeln, Runde mit 1 Kettmasche schließen.

Hier beginnt das Gittermuster. Dabei in jeder Runde die Farbe wechseln, d. h. mit der neuen Farbe 1 Luftmasche durch die Kettmasche ziehen.

8. Runde in Nachtblau: * 1 halbes Stäbchen und 1 Stäbchen in das hintere Reliefstäbchen der Vorrunde häkeln. Das vordere Reliefstäbchen überspringen, ab * wiederholen. Die Runde mit 1 Kettmasche in die Luftmasche des Farbwechsels schließen.

9. Runde in Hellgrau meliert: * 1 halbes Stäbchen und 1 Luftmasche und 1 halbes Stäbchen in das vordere Reliefstäbchen der vorletzten Runde häkeln (= dieselbe Farbe), ab * wiederholen, die Runde mit 1 Kettmasche in die Luftmasche des Farbwechsels schließen.

10. Runde in Nachtblau: * 1 halbes Stäbchen und 1 Stäbchen und 1 halbes Stäbchen in 1 Einstichstelle häkeln, und zwar unter der Luftmasche der Vorrunde, ab * wiederholen. Mit 1 Kettmasche in die 1. Luftmasche schließen.

11. Runde in Hellgrau meliert: * 1 halbes Stäbchen und 1 Luftmasche und 1 halbes Stäbchen in 1 Einstichstelle häkeln, und zwar zwischen den halben Stäbchen der vorletzten Runde (nicht dort, wo die Luftmasche ist!),

ab * wiederholen, die Runde mit 1 Kettmasche in die Luftmasche des Farbwechsels schließen.
Runde 10 und 11 stets wiederholen, bis ca. 18 cm erreicht sind (ab dem Fadenring gemessen).

Danach den Bund in Hellgrau meliert arbeiten:
1. Runde: 1 Luftmasche, * 2 Reliefstäbchen von vorne eingestochen um die halben Stäbchen der Vorrunde häkeln. Zwischen den halben Stäbchen der Vorrunde einstechen und 1 Stäbchen häkeln. Ab * wiederholen. Die Runde mit 1 Kettmasche in die 1. Luftmasche schließen.
2. Runde: 1 Luftmasche, 2 vordere Reliefstäbchen, 1 hinteres Reliefstäbchen abwechselnd häkeln, die Runde mit 1 Kettmasche in die 1. Luftmasche schließen.
3. Runde: 1 Luftmasche, 2 halbe Reliefstäbchen von vorne eingestochen und 1 halbes Reliefstäbchen von hinten eingestochen, im Wechsel häkeln. Die Runde mit 1 Kettmasche in die 1. Luftmasche schließen.
Fäden vernähen.

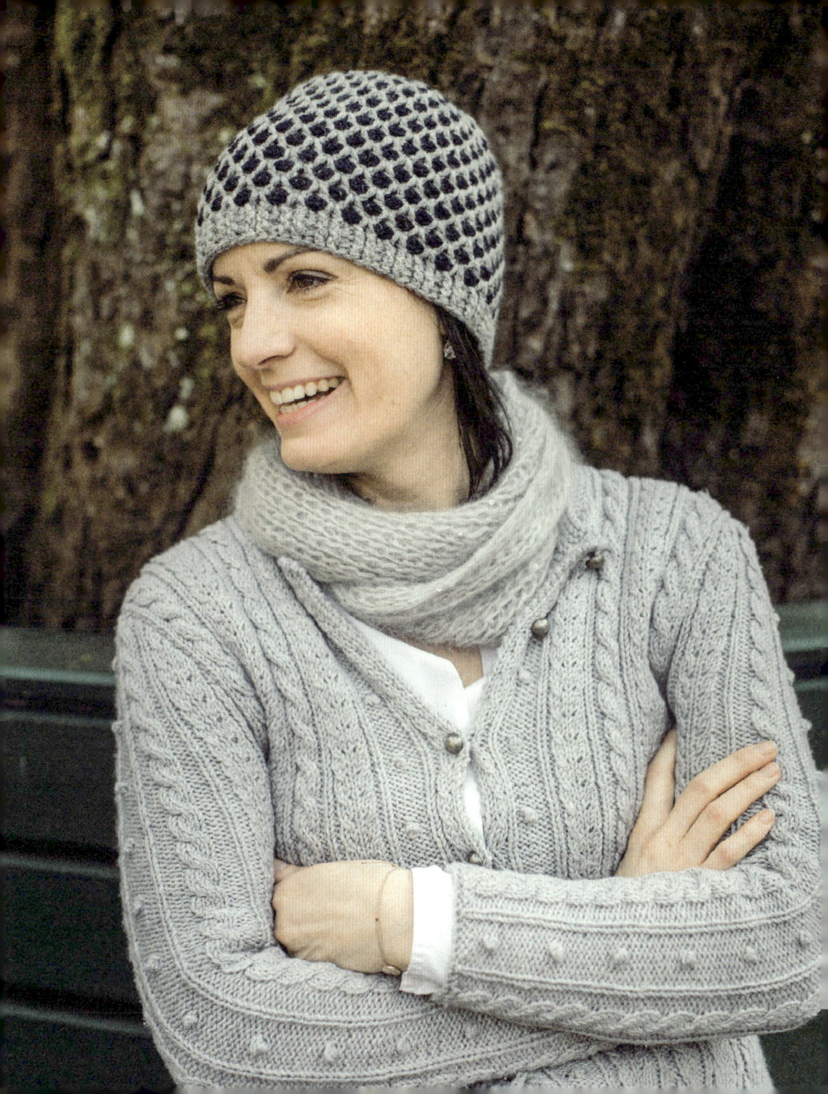

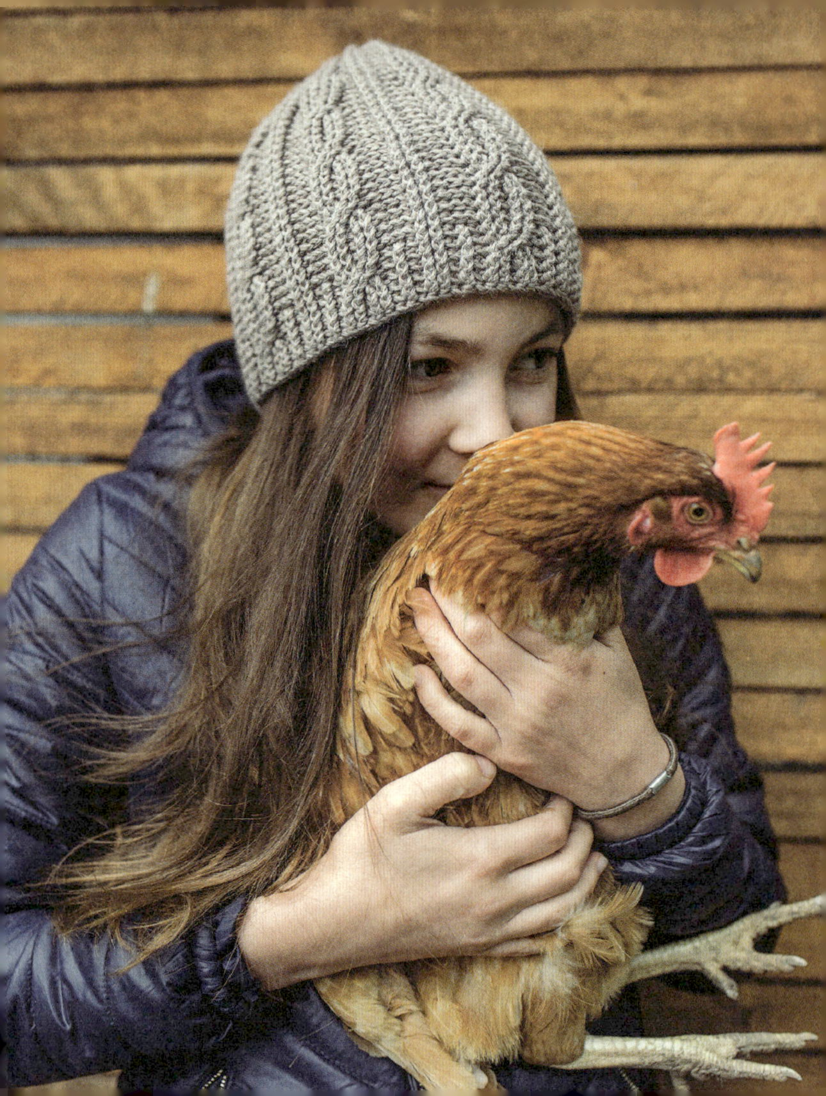

Mütze mit Zopfmuster

Modell: für Kinder, Damen und Herren

Schwierigkeit: schwer

Material: Lana Grossa *Cool Wool Alpaca* (70% Schurwolle, 30% Alpaka, LL 140 m/50 g), 3 Knäuel (150 g) in Beige (Farbe 12); Häkelnadel Nr. 4,5

Maschenprobe: 18 Maschen = 10 cm (zum Vergleich: laut Etikett sind 20 Maschen und 27 Reihen = 10 x 10 cm)

Hinweis: Diese Mütze wird in Runden gehäkelt. Jede Runde wird mit 1 Kettmasche geschlossen und mit 2 Luftmaschen als Ersatz für das 1. Stäbchen begonnen. Durch die lange Lauflänge wird die Mütze trotz der vielen verhäkelten Meter nicht schwer.

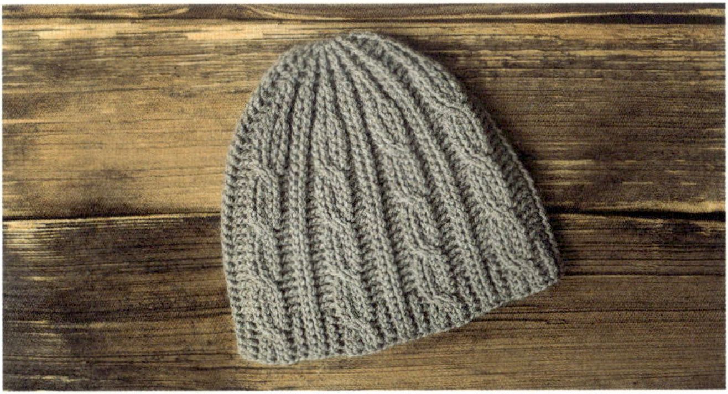

So wird's gemacht

Die Anzahl für die Kindergröße ist jeweils in Klammern angegeben.

1. Runde: In einen Fadenring (7) 8 feste Maschen häkeln, mit 1 Kettmasche in die 1. Masche schließen.

2. Runde: 2 Luftmaschen (= Ersatzstäbchen und zählt bei der Stäbchenanzahl mit), 1 Stäbchen in die nächste Einstichstelle. Danach jede Masche der Vorrunde verdoppeln (= jeweils in 1 Einstichstelle 2 Stäbchen), mit 1 Kettmasche in die 2. Luftmasche schließen (= (14) 16 Stäbchen).

3. Runde: 2 Luftmaschen, 1 vorderes Reliefstäbchen um den Maschenkörper der Luftmaschen häkeln, * 1 hinteres Reliefstäbchen und 1 vorderes Reliefstäbchen in 1 Einstichstelle, ab * wiederholen, 1 Kettmasche in die 2. Luftmasche häkeln (= (28) 32 Reliefstäbchen).

4. Runde: Ohne Zunahme häkeln: 2 Luftmaschen, nun die Maschen häkeln wie sie erscheinen, d. h. jede Masche wie in der Vorrunde häkeln. In 1 vorderes Reliefstäbchen auch 1 vorderes häkeln und umgekehrt. Mit 1 Kettmasche in die 2. Luftmasche schließen (= (28) 32 Reliefstäbchen).

5. Runde: 2 Luftmaschen, 1 hinteres Reliefstäbchen um den Maschenkörper der Luftmaschen häkeln, 1 vorderes Reliefstäbchen, * 2 hintere Reliefstäbchen um das hintere Reliefstäbchen der Vorrunde, 1 vorderes Reliefstäbchen ab

* wiederholen, die Runde mit 1 Kettmasche in die 2. Luftmasche schließen (= (42) 48 Reliefstäbchen).

6. Runde: Ohne Zunahme häkeln: 2 Luftmaschen, nun die Maschen häkeln wie sie erscheinen. Mit 1 Kettmasche in die 2. Luftmasche schließen (= (42) 48 Reliefstäbchen).

7. Runde: 2 Luftmaschen, 1 hinteres Reliefstäbchen, nun jedes vordere Reliefstäbchen verdoppeln, alle anderen Maschen häkeln, wie sie erscheinen. Runde mit 1 Kettmasche in die 2. Luftmasche schließen (= (56) 64 Reliefstäbchen).

8. Runde: Ohne Zunahme häkeln: 2 Luftmaschen, nun die Maschen häkeln, wie sie erscheinen. Mit 1 Kettmasche in die 2. Luftmasche schließen (= (56) 64 Reliefstäbchen).

9. Runde: 2 Luftmaschen, das hintere Reliefstäbchen verdoppeln, 2 vordere Reliefstäbchen, 2 hintere Reliefstäbchen, 2 vordere Reliefstäbchen, * 2 hintere Reliefstäbchen um ein Reliefstäbchen, 1 hinteres Reliefstäbchen, 2 vordere Reliefstäbchen, 2 hintere Reliefstäbchen, 2 vordere Reliefstäbchen, ab * wiederholen, mit 1 Kettmasche in die 2. Luftmasche zur Runde schließen (= (63) 72 Reliefstäbchen).

10. Runde: 2 Luftmaschen, 2 hintere Reliefstäbchen, die nächsten 2 vorderen Reliefstäbchen jeweils mit vorderen Reliefstäbchen verdoppeln, 3 hintere Reliefstäbchen, 2 vordere Reliefstäbchen, * 3 hintere Reliefstäbchen, die nächsten 2 vorderen Reliefstäbchen jeweils mit vorderen Reliefstäbchen verdoppeln, 3 hintere Reliefstäbchen, 2 vordere Reliefstäbchen, ab * wiederholen, mit 1 Kettmasche in die 2. Luftmasche zur Runde schließen (= (77) 88 Reliefstäbchen).

11. Runde: Ohne Zunahme häkeln: 2 Luftmaschen, nun die Maschen häkeln, wie sie erscheinen. Mit 1 Kettmasche in die 2. Luftmasche schließen (= (77) 88 Reliefstäbchen).

12. Runde: 2 Luftmaschen, 2 hintere Reliefstäbchen, 2 vordere Reliefstäbchen, 1 hinteres und 1 vorderes Reliefstäbchen um das vordere Reliefstäbchen der Vorrunde, 1 vorderes Reliefstäbchen, 3 hintere Reliefstäbchen, 2 vordere Reliefstäbchen, * 3 hintere Reliefstäbchen, 2 vordere Reliefstäbchen, 1 hinteres und 1 vorderes Reliefstäbchen um das vordere Reliefstäbchen der Vorrunde, 1 vorderes Reliefstäbchen, 3 hintere Reliefstäbchen, 2 vordere Reliefstäbchen, ab * wiederholen, mit 1 Kettmasche in die 2. Luftmasche schließen (= (84) 96 Reliefstäbchen).

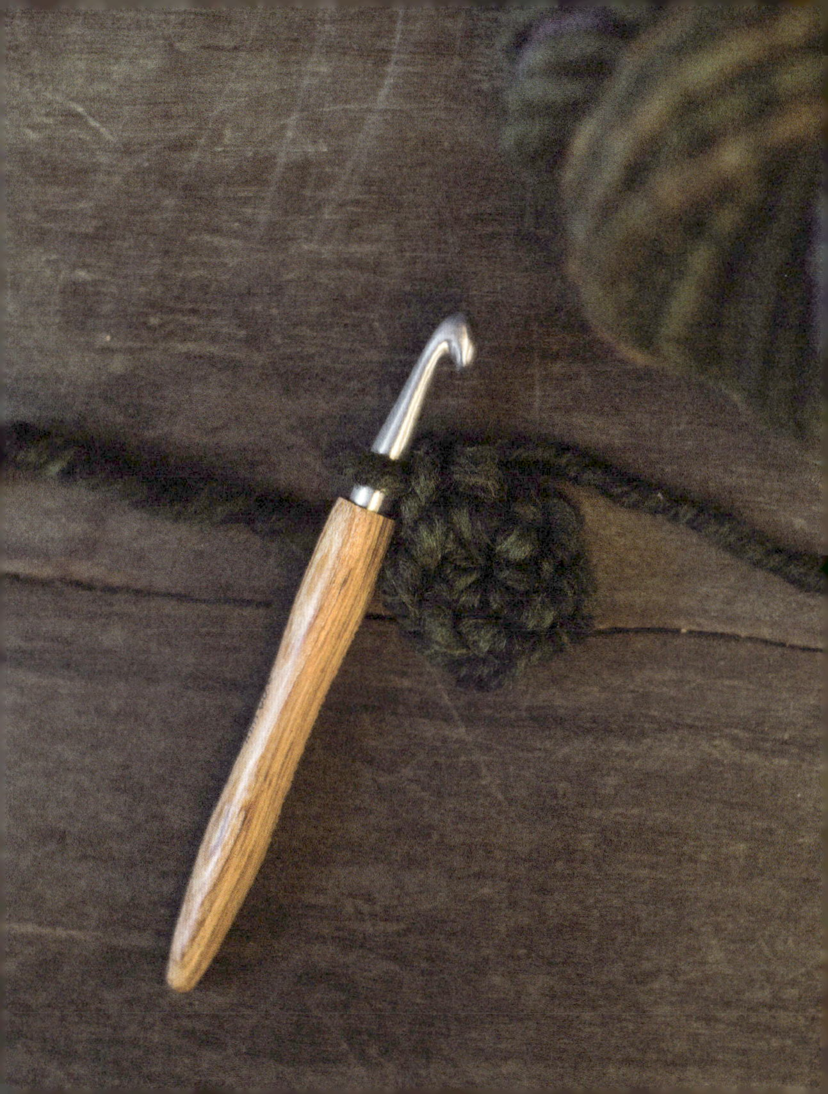

Ab hier die verschiedenen Größen getrennt beenden:

Herrenmütze

13. Runde: Ohne Zunahme häkeln: 2 Luftmaschen, nun die Maschen häkeln, wie sie erscheinen. Mit 1 Kettmasche in die 2. Luftmasche schließen (= 96 Reliefstäbchen). Nun den Rapport laut Häkelschrift (= 6 Runden) 3-mal arbeiten. Anschließend den Bund arbeiten.

Damenmütze

Den Rapport laut Häkelschrift (= 5 Runden) 3-mal arbeiten. Anschließend den Bund arbeiten.

Kindermütze

Den Rapport (= 4 Runden) 3-mal laut Häkelschrift arbeiten. Anschließend den Bund arbeiten.

Zopf

Für den Zopf die vorderen Reliefstäbchen überkreuzen, dabei mit doppelten Reliefstäbchen das 1. Reliefstäbchen um das 3. der Vorrunde und das 2. um das 4. Reliefstäbchen der Vorrunde arbeiten. Danach das hintere Reliefstäbchen ganz normal häkeln. Das 3. Reliefstäbchen um das 1. der Vorrunde und das 4. um das 2. Reliefstäbchen der Vorrunde arbeiten. Dabei die Häkelarbeit ein wenig auseinanderziehen.

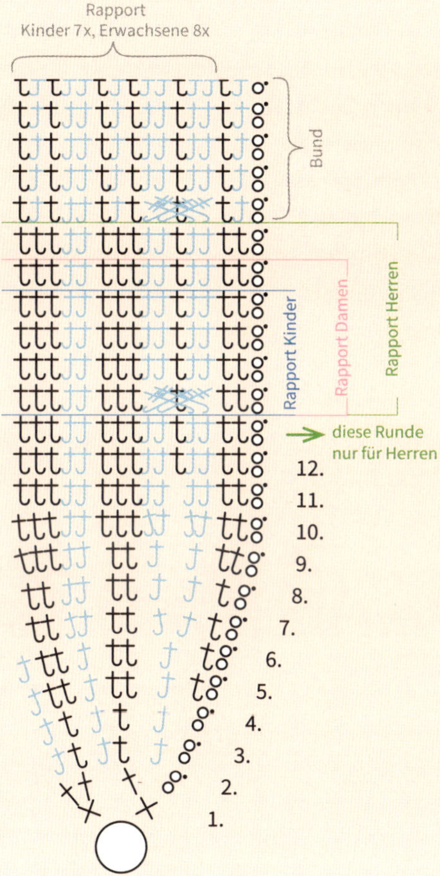

Rapport
Kinder 7x, Erwachsene 8x
Bund
Rapport Kinder
Rapport Damen
Rapport Herren
diese Runde nur für Herren
12.
11.
10.
9.
8.
7.
6.
5.
4.
3.
2.
1.

Über die Autorin

Claudia Zelinsky, Jahrgang 1979, ist Mutter einer Tochter und lebt in Salzburg. Mit der Entscheidung, sich in einem kreativen Bereich selbstständig zu machen, erfüllte sich die ausgebildete Kindergartenpädagogin einen lang gehegten Wunsch und eröffnete das „Wollzimmer" in Salzburg. Mittlerweile ist sie zu ihren beruflichen Wurzeln zurückgekehrt und leitet die St. Erentrudis Stiftung der Erzdiözese Salzburg.

MIX
Papier aus verantwortungsvollen Quellen
FSC® C012536

PRINTED IN AUSTRIA

 Gesetzt aus der Hoefler Text und The Sans. · Medieninhaber, Verleger und Herausgeber: Red Bull Media House GmbH · Oberst-Lepperdinger-Straße 11–15 · 5071 Wals bei Salzburg, Österreich · Lektorat: Dr. Katrin Korch, www.literatur-und-mehr.de · Gestaltung und Satz: wir sind artisten · Bilder: Cover und Innenteil: Carolina Auer

Printed by Buch Theiss GmbH in Austria
ISBN 978-3-7104-0042-1